Über dieses Buch

Die besondere Beziehung zwischen Vater und Tochter gab es auch schon zu Zeiten der Märchen. Doch der »erste Mann« im Leben einer Frau kann nicht ihr Ehemann werden – auch wenn mancher Vater sich das wünscht. So oder so muss eine Ablösung, Befreiung, Überwindung stattfinden. Wie das die Märchentöchter mehr oder weniger erfolgreich bewältigen, liegt auch an ihren Vätern und deren Reaktionen.

Sigrid Früh hat zu dem Thema »Väter und Töchter« Märchen aus europäischen Ländern gesammelt und in vier Kapiteln dargestellt: Geliebter Vater, Tochteropfer, Tochtergattin, Lieblingstöchter. Hier finden wir den Vater, der unwissentlich seine Tochter dem Bösen verspricht, ebenso wie den Vater, der die Tochter so verwöhnt, dass ihm nur der Tod bleibt, um sich ihren fortwährenden Wünschen zu entziehen. Verantwortungslose, verzweifelte, dümmliche und liebende Väter – Väter, die im Guten oder Bösen den Anstoß zum Erwachsenwerden geben.

Über die Herausgeberin

Sigrid Früh, Jahrgang 1935, studierte Germanistik und Volkskunde und ist eine der bekanntesten Märchenforscherinnen und Märchenerzählerinnen Deutschlands. Mit zahlreichen Publikationen, Seminaren und Vorträgen bringt sie Märchen einem breiten Publikum nahe.

Zu der Ehrenplakette der Stadt Fellbach, dem Wildweibchenpreis und anderen Auszeichnungen wurde ihr im Mai 2011 die Sebastian-Sailer-Medaille in Würdigung und Anerkennung ihrer Verdienste um die schwäbische Mundart verliehen.

Sie lebt und arbeitet in Fellbach in der Nähe von Stuttgart.

Weitere Informationen unter: www.sigrid-frueh.de

Märchen
von Vätern und Töchtern

Herausgegeben
von Sigrid Früh

KÖNIGSFURT-URANIA

Bibliographische Information der Deutschen Nationalbibliothek
Die Deutsche Nationalbibliothek verzeichnet diese Publikation in der
Deutschen Nationalbibliographie; detaillierte bibliographische Daten
sind im Internet über http://dnb.ddb.de abrufbar.

Originalausgabe
Krummwisch bei Kiel 2011

© 2011 by Königsfurt-Urania Verlag GmbH
D-24796 Krummwisch
www.koenigsfurt-urania.com

Umschlaggestaltung: Stefan Hose, Götheby-Holm,
unter Verwendung des folgenden Gemäldes von
Gustave Courbet: Pierre-Joseph Proudhon et ses enfants en 1853,
Archiv für Kunst und Geschichte, Berlin / Erich Lessing.
Lektorat: Claudia Lazar
Satz: Stefan Hose, Götheby-Holm
Druck und Bindung: CPI Moravia
Printed in EU

ISBN 978-3-86826-029-8

Inhalt

Geliebter Vater

Tochteropfer

Tochtergattin

Lieblingstöchter

❧❧

Die Erlösung
der schönen Prinzessin

E s war einmal ein Holzhauer, der war arm und hatte viele
Kinder. Eines Tages nun, als er mit seinem kleinen Jungen in den Wald hinausgegangen war, trat plötzlich aus dem Gebüsch ein grüner Jägersmann und blieb vor ihm stehen.

Der grüßte ihn freundlich und sagte: »Wir haben den gleichen Weg, wollen wir nicht ein Stück miteinander gehen?« Dem Holzhauer war's recht, und im Weitergehen fragte der Fremde, wie es ihm denn erginge. »Da ist nicht viel Gutes zu sagen«, erwiderte der Holzhauer. »Viel Kinder und der Verdienst ist gering genug. Das Elend hierzulande ist groß, und man weiß oft gar nicht, wo's hinaus will.« – »Ihr habt da einen hübschen Jungen«, sagte der Jäger und sah auf das Büblein, »wenn Ihr so viel hungrige Mäuler zu stopfen habt, will ich das Bürschchen schon zu mir nehmen, und dabei sollt Ihr noch einen guten Handel machen. Ich gebe Euch einen Beutel Gold und Ihr gebt mir den Jungen.«

Den armen Holzhauer brachten diese Worte wohl in gewaltige Versuchung, am Ende aber schlug er es doch ab, sein eigen Kind zu verkaufen. »So überlasst mir den Knaben wenigstens auf vier Jahre«, sagte der Jäger, »und Ihr sollt dafür gleichviel Geld bekommen.« – »Vier Jahre sind bald vorüber«, dachte der Arme bei sich, schlug ein und ließ den Jungen dem Fremden. Der zog einen Beutel voller Goldstücke aus der Tasche und gab ihn dem Holzhauer.

Der Jägersmann führte nun den Knaben immer weiter und weiter, bis tief in den Wald hinein. Endlich kamen sie an einen

Felsen, darin war eine große eiserne Türe; die war verschlossen. Der Jäger klopfte an. Sogleich öffnete sich das Tor, und beide durchschritten eine lange Reihe von Gemächern, bis sie zuletzt in eine Kammer kamen, in der ein schönes großes Bett stand. »Hier wirst du künftig wohnen«, sagte der Fremde, »und dieses Bett ist das deine. Du sollst es recht gut bei mir haben, wenn du alle meine Gebote genau befolgst. Neben diesem Zimmer ist noch eine Kammer. Darin steht ein Bett wie dieses. Doch wage nicht die Tür zu öffnen oder gar dich in das Bett hineinzulegen. Auch sollst du niemals um die Mitternachtsstunde schlafen.«

Sodann verließ der Jäger den Knaben. Von nun an kehrte er alle vier Tage zurück, um nach dem Rechten zu sehen. So lebte der Junge eine lange Zeit, hatte alles, was sein Herz begehrte, und es fiel ihm nicht ein, das Verbot des fremden Mannes zu übertreten. Aber eines Tages kam es über ihn, und er ging hin und öffnete die Tür der Kammer. Doch wie groß war sein Erstaunen, als er außer dem Bett, von dem der Jäger erzählte, nichts anderes erblickte als einen hohen Haufen alter Pantoffeln, der in der Ecke lag. Da lachte der Junge laut und fing in seinem Übermut sogleich an, einen nach dem andern zum Fenster hinauszuwerfen. Kaum aber hatte er die ersten in den Garten geworfen, als diese zu sprechen begannen und riefen: »Wir danken dir sehr, denn du hast uns erlöst.« Als der Junge das hörte, warf er alle Pantoffeln zum Fenster hinaus, schloss dann die Nebenkammer sorgfältig wieder ab und ging in seine Kammer zurück.

Es dauerte nicht lange, da kam der Jäger zurück. Er wusste sogleich, was geschehen war, und schalt den Knaben sehr. Aufs Neue schärfte er ihm ein, ja nicht in dem verbotenen Bett in der Nebenkammer zu schlafen.

Der Junge nahm sich's zu Herzen, und es verging wieder eine gute Zeit. Aber einmal musste er doch an das lustige Hinauswerfen der Pantoffeln denken. »Was wird erst geschehen, wenn ich mich nun in das Bett in der Nebenkammer lege?«, dachte er bei sich, und so nahm er sich eines Tages vor, die Nacht dort zuzubringen. Als es dunkel geworden war, öffnete er wie das erste Mal die Kammertür und legte sich schnell in das Bett hinein. Kaum aber lag er darin, da erhob sich ein furchtbarer Lärm und ein Gepolter begann, dass ihm das Blut zum Herzen stieg. Er hörte schreckliche Drohungen rufen und erkannte bald allerlei abscheuliche Teufelsgestalten, die ihn wütend angrinsten. Doch ließ er sich davon nicht bange machen, zog die Decke über die Ohren und hielt sich still. Um Mitternacht klopfte es auf einmal an die Tür. Er hörte das Klopfen wohl, aber er antwortete nicht. Plötzlich ging die Türe auf, und eine schöne Jungfrau trat herein, ging langsam durch die Kammer auf das Bett des Jungen zu und legte sich neben ihn. »Du hast wohl getan, dass du keine Antwort gabst«, sprach sie ihn an, »und dass du des wilden Getöses nicht geachtet hast. Komme morgen wieder hierher und bleib mutig und standhaft, was auch geschehen mag. Es soll dich am Ende nicht gereuen.« Als die Mitternacht vorüber war, verließ die Jungfrau das Lager und ging durch die Türe wieder fort. Im selben Augenblick hörte das Poltern und Schreien auf, und die Spukgestalten waren verschwunden.

In der folgenden Nacht legte sich der Knabe wieder in das Bett der Nebenkammer. Wiederum begann ein schreckliches Poltern und Lärmen und wilddrohende böse Geister umdrängten das Bett. Aber auch jetzt blieb der Junge ruhig und furchtlos. Als die Glocke Mitternacht schlug, erschien die Jungfrau und legte sich wieder neben den Jungen. Sie bat ihn aufs Neue, standhaft zu bleiben und auch in der dritten Nacht mutig auszuharren. Die Teufelsgestalten wichen nicht von seiner Seite. Nach Mitternacht verschwand die Jungfrau wieder, und sogleich wurde es still in der Kammer.

Als die dritte Nacht gekommen war und der Knabe abermals in dem verbotenen Bette lag, erschienen wieder die höllischen Geister, aber diesmal waren es noch viel mehr als in der vorigen Nacht, und sie waren von noch viel scheußlicherer Gestalt. Der Lärm, den sie machten, glich zuweilen dem Donner. Das Geheul und die Verwünschungen, die sie ausstießen, waren noch viel entsetzlicher als in den vergangenen Nächten, besonders in der Mitternachtsstunde, als die Jungfrau zum dritten Mal erschien und sich neben dem Jungen aufs Bett legte. Sie lobte seinen Mut und bat ihn flehentlich, nur noch diese eine Nacht auszuharren. Der Junge aber rührte sich nicht.

Nach Mitternacht legte sich wieder der wilde Sturm, und die scheußlichen Teufel waren wie mit einem Schlag verschwunden. Auf einmal aber wurde alles verwandelt, und der Junge sah sich in einem prächtigen, glänzenden Schloss. Neben dem Bett aber saß ein Greis mit langem, weißem Haar und verwittertem Angesicht. »Ich bin ein alter König«, sagte er zu dem Jungen, »und habe vor vielen hundert Jahren diese Prinzessin dem Bösen verschrieben.« Er erhob sich aus seinem Lehnstuhl und umarmte die Prinzessin, die nun durch die Standhaftigkeit des Jungen erlöst war. Und auf einmal kamen alle die Pantoffeln, die der Junge früher zum Fenster hinausgeworfen hatte, hereingeflogen und verwandelten sich in lauter Edelleute: Das war das Gefolge der Königstochter.

Nun waren alle erlöst, und der Böse hatte seine Macht über das ganze Schloss verloren. Bald darauf kehrte der Junge zu seinen Eltern zurück und später heiratete er die erlöste Prinzessin.

Märchen aus dem Elsass

Die Kaiserstochter
als Gänsehirtin

Die schöne Tochter eines Kaisers war allmählich groß geworden, da sprach ihre Stiefmutter zum Kaiser: »Unsre Tochter ist herangewachsen, wir wollen sie verheiraten.« Der Kaiser aber, welcher seine Tochter sehr liebte und sich ungern von ihr trennte, wollte nicht, und umso weniger als auch die Prinzessin durchaus keine Lust dazu hatte. Der eifersüchtigen Kaiserin aber war sie von jeher ein Dorn im Auge gewesen, und das böse Weib gab den Gedanken nicht mehr auf, wie sie sie aus dem Hause bringen könne.

Als der Kaiser nun einmal in den Krieg ziehen musste und die Kaiserin mit der Prinzessin allein daheim blieb, hatte sie freies Spiel. Sie ließ daher ihre Stieftochter sogleich einsperren und ihr drei Tage und drei Nächte lang nichts zu essen und zu trinken geben. Am vierten Tag endlich schickte sie ihr ein kleines Stück Brot und einen Krug Wasser, in den sie aber eine junge Schlange geworfen hatte. Die arme Prinzessin, die sich vor Hunger und Durst kaum kannte, fiel heftig über den Krug her und trank Wasser und Schlange hinunter, ohne dass sie es merkte, sodann verzehrte sie ebenso gierig das Stück Brot. Von jetzt an bekam sie wieder zu essen und zu trinken, obwohl sie gefangen blieb. Nach zehn Monaten war die Schlange in ihrem Leib groß gewachsen und derselbe dick und angeschwollen.

Als nun der Kaiser aus dem Felde zurückkam, trat die boshafte Kaiserin zu ihm und sprach: »Jetzt schau einmal die tugendhafte Jungfrau, deine Tochter, wie sie gewachsen ist. Heiraten wollte sie nicht, aber jetzt hat sie die Ehre unseres Hauses geschändet.« Darauf ließ der Kaiser die Prinzessin rufen und hörte, als er sie sah, nicht auf, sie zu schelten und zu misshandeln, obgleich die Jungfrau ihre Unschuld beteuerte und erzählte, wie es ihr in ihres Vaters Abwesenheit ergangen war. Er hatte zwar seine Tochter zu lieb, als dass er hätte geradezu befehlen können, man solle sie töten, stattdessen hieß er sie fortgehen und verbot ihr, je wieder vor seinen Augen zu erscheinen. Dann ließ er zwölf prachtvolle Kleider für sie machen, welche sie alle anziehen musste und darüber einen ganz hölzernen Mantel. So angetan wurde sie unter Tränen und Schluchzen, aber zur größten Freude der bösen Stiefmutter, in eine Wüstenei geführt und dort allein gelassen. Hunger und Elend trieben aber das arme verlassene Kaiserkind aus der Wüste fort, und es kam bald in eine Stadt, wo ein anderer Kaiser mit seinem Hofstaat wohnte. Es ging geradezu in den Palast und meldete sich dort in der Küche beim niedersten Gesinde des Kaisers um einen Dienst. Es wurde aber von diesen Leuten wegen seines hölzernen Mantels und seines schüchternen Aussehens verlacht und verspottet und erhielt nur die Antwort, dass der Kaiser rührige, dienstfertige und keine hölzernen Leute brauche. Während es hier dem Spott ausgesetzt war, ging der Prinz vorüber, und da er nicht wusste, was er aus dem hölzernen Kleide des fremden Mädchens machen sollte, trat er hinzu und fragte die Weinende, was sie hier wolle und wünsche, worauf sie ihn bat, er möchte ihr einen Dienst geben. Auf die Frage, was sie denn arbeiten könne, erwiderte sie:»Ach wenig, Herr, gib mir den geringsten Dienst, nur dass ich mein armseliges Leben friste, gewiss soll meine Treue die Geschicklichkeit ersetzen, die mir fehlt.« Den Prinzen rührten die Bitten des hölzernen Mädchens: Er machte es zur Gänsehirtin. Und da er sah, wie unbarmherzig das übrige Gesinde zuvor mit ihm umgegangen war, gab er ihm auch ein eigenes einsames Kämmerlein. Des andern Tags trieb es des Kaisers Gänse auf die Weide, und da es mittags sehr heiß war und seine Herde anfing, sich zu baden, so entkleidete es sich ebenfalls in derselben Absicht. Einige Mäher, welche in der

Nähe arbeiteten, die es aber nicht gesehen hatte, bemerkten es und waren sehr verwundert, wie es seine zwölf prächtigen Kleider, eins kostbarer als das andere, ablegte. Als sie daher abends heimkamen, gingen sie zum Prinzen, entdeckten ihm, was sie auf der Gänseweide gesehen hatten, und konnten nicht genug sagen von den schönen Kleidern, welche das hölzerne Mädchen besitze. Als am andern Tag die Hirtin die schnatternde Herde wieder austrieb, ging ihr der Prinz auf näheren Wegen, die sie noch nicht kannte, voran und versteckte sich in ein Gebüsch; denn er hätte doch gern gewusst, was eigentlich die Mäher an der hölzernen Jungfrau gesehen hatten. Da es wieder sehr heiß war, so badete sich die Gänsehirtin auch heute wieder am nämlichen Orte wie gestern, und als sie sich, nachdem sie den hölzernen Mantel abgelegt hatte, anfing zu entkleiden und jetzt ein Kleid schöner und prachtvoller als das andere zutage kam, da erkannte der Prinz, dass ihn die Arbeitsleute doch nicht belogen hatten, und sein Erstaunen war ebenso groß wie das ihre. Als sie sich nun vollends entkleidete und ins Wasser stieg, konnte er kein Auge mehr abwenden, denn von solch außerordentlicher Schönheit hätte er sich nie träumen lassen. Er war fast außer sich und hätte beinahe laut aufgeschrien, aber er fürchtete, sie möchte erschrecken und böse werden, wenn sie sähe, dass er sie belauscht habe. Daher schwieg er still, bis sie wieder aus dem Wasser stieg und sich angekleidet hatte. Diesmal ließ sie sechs Kleider beiseite, um sie so nach Hause zu tragen. Da die Hitze sehr groß war, spürte sie Durst, wusste aber nicht, wo trinken; denn vor dem Wasser, darin sie gebadet, hatte sie Scheu. Vielleicht um den Durst zu vergessen, vielleicht um nur auszuruhen, legte sie sich in den Schatten eines Baumes und entschlief. Da sah der Prinz nach einiger Zeit, wie durch ihren halb geöffneten Mund eine hässliche Schlange herauskroch, langsam und immer länger. Dies schauderte ihn, und er trat näher, um sie zu töten. Als er nahe genug war, warf er mit einem goldenen Ring, den er vom

Finger zog, nach ihr und traf sie auf den Kopf: Die Schlange, erschrocken hierüber, fuhr mit Gezische heraus und davon. Die Prinzessin aber erwachte und richtete sich auf, sah jedoch den Prinzen nicht, der sich eilig wieder versteckt hatte. Sie fühlte sich, sie wusste selbst nicht wie, sehr erleichtert und betete deshalb voll Dank zu Gott. Dann sah sie den Ring vor sich im Grase liegen, den nahm sie, stand auf und trieb, weil es indessen Abend geworden war, die Gänse nach Hause. Der Prinz war ihr wieder auf seinem kürzeren Wege vorangeeilt. Als sie nun daheim die Gänse versorgt hatte und in ihre Kammer wollte, vertrat er ihr den Weg und fragte sie um den schönen Ring, den sie am Finger habe. Schüchtern antwortete sie, es sei ein Fund, den sie auf der Gänsetrift gemacht habe. Da aber sprach der Prinz: »Der Ring gehört mir, und ich habe ihn dort verloren.« Eilig zog sie ihn jetzt vom Finger, um ihn dem Prinzen zurückzugeben, der aber wollte ihn nicht nehmen, sondern steckte ihr ihn selbst wieder an und sagte: »Behalte ihn, frommes Kind, behalte ihn von mir, denn ich will dich heiraten.« Da errötete die Arme, denn sie dachte, der Prinz wolle nur Spott mit ihr treiben, und sagte: »Wie sollte denn ein Prinz, wie du bist, ein armes hölzernes Mädchen zum Weibe nehmen?« Der Prinz aber bestand auf seinem Sinn und dass sie ihm gefalle, wie sie sei. Da willigte die Jungfrau ein und versprach, ihn zum Manne zu nehmen.

Darauf eilte der Prinz zum Kaiser, seinem Vater, und sagte ihm, dass er das hölzerne Gänsemädchen heiraten wolle. Der Kaiser aber war hierüber sehr entrüstet und schlug ihm sein Begehren rundweg ab. Dadurch ließ sich jedoch der Prinz von seinem Vorhaben nicht abbringen, denn er hatte die Jungfrau recht gesehen, wie sie war, und brannte vor Liebe zu ihr. Also forderte er den Unwillen seines Vaters, des Kaisers, nicht heraus, sondern nahm das hölzerne Mädchen heimlich zur Frau. Als der alte Kaiser dies erfuhr, wurde er zwar sehr aufgebracht, fügte sich aber doch darein und gab seinem Sohn vier Zimmer in seinem Palast, die er mit ihr bewohnen konnte; sie aber blieb Gänsehirtin wie zuvor.

Eines Sonntags nun, da sie ihre Herde wieder heimgetrieben hatte, legte sie eines ihrer schönen Kleider an, aber ohne den hölzernen Mantel darüber zu nehmen, und begab sich in die Kirche, wo sie von allen wegen ihrer Schönheit bewundert wurde. Da ging auch der Prinz zu seinem Vater hin und fragte ihn um die schöne Fremde, und als der Kaiser erwiderte, dass er nicht wisse, wer sie sei, so sagte der Prinz: »Ach, Vater, warum hast du nicht eine so schöne Frau?« Der Gottesdienst war vorüber, und alle Anwesenden gingen jeder seines Weges, auch die schöne Fremde mischte sich unter die Menge und schlüpfte unbemerkt nach Hause, wo sie sich sogleich umkleidete und wieder das hölzerne Mädchen war.

Am anderen Sonntag war es wieder so, nur dass sie ein noch viel schöneres Kleid anhatte, und auch der Prinz tat an den Kaiser wieder dieselben Fragen wie das vorige Mal, worauf sich dieser vornahm, am künftigen Sonntag an alle Tore Leute stellen zu lassen, die der schönen Unbekannten aufpassen sollten, von wo sie komme und wohin sie gehe.

Der dritte Sonntag hatte wieder Kaiser und Volk in der Kirche vereinigt, und darunter war wieder die schöne Frau, von der niemand etwas wusste. Sie schien heute noch viel schöner und viel reizender als die beiden vorigen Male, worüber sich der Prinz in seinem Innern ausnehmend glücklich fühlte. Als der Gottesdienst zu Ende war und die Menge zu allen Türen hinausströmte, suchte die Unbekannte auch wieder unbemerkt zu entschlüpfen, stieß aber überall auf die Wachen und blieb deshalb endlich ganz allein in der Kirche zurück. Als der Prinz jetzt ihre Verlegenheit bemerkte, trat er zum Kaiser und sprach zu ihm: »Vater, schicke deine Wachen nur weg; denn die schöne Frau ist niemand anders als die Gänsehirtin, mein hölzernes Weib.« Hierüber war der Kaiser sehr verwundert, aber auch ebenso erfreut. Er ging zu seiner schönen

Schwiegertochter hin, umarmte sie freundlich und wünschte ihr Glück. Als er nach Hause kam, ließ er sogleich Anstalten zu prachtvollen Hochzeitsfeierlichkeiten treffen; denn jetzt war es ihm leid, dass sein Sohn, der Prinz, heimlich geheiratet hatte, und er wollte deshalb die Hochzeit nachträglich doppelt festlich begehen. Er schrieb auch sogleich einen Brief an den Kaiser, seinen Nachbarn, den Vater seiner Schwiegertochter, worin er ihn auf einen bestimmten Tag zu sich einlud, weil da seine Tochter feierlich mit dem jungen Kaiser getraut werden sollte. Als der Vater der verstoßenen Jungfrau hörte, dass sie die Schwiegertochter eines mächtigen Kaisers werden sollte, pries er die Allmacht Gottes und freute sich, solches von seinem lieben, armen Kinde zu hören. Er schrieb auch alsbald zurück, dass er kommen würde, und ließ nicht lange auf sich warten, indem er mit großem Gefolge erschien. Als man ihm nun aber alle die wunderbaren Begebenheiten genau erzählte und er vernehmen musste, durch welche abscheuliche Bosheit er veranlasst worden sei, seine schuldlose Tochter zu verstoßen, geriet er in große Wut und sandte sogleich Leute ab mit dem Auftrag, dem bösen Weib den Kopf abzuschlagen. Die Hochzeitsfeierlichkeiten gingen mit nie erlebter Pracht vor sich, und die jungen Leute lebten noch lange Jahre glücklich und vergnügt.

Märchen aus Rumänien

Der Hasenhüter
und die Königstochter

*E*s hatte ein reicher König eine sehr schöne Tochter. Als diese sich verheiraten wollte, mussten sich alle Freier, die sich eingefunden hatten, auf einer großen grünen Wiese versammeln, da warf sie nun einen goldenen Apfel mehrmals in die Luft und wer ihn auffing und sich unterstand, drei Bund oder drei Aufgaben, die sie selbst aufgab, zu lösen, der sollte sie dann zur Gemahlin haben. Da hatten nun viele den Apfel aufgefangen, zuletzt auch ein schöner munterer Schäfersbursch, aber von allen war keiner im Stande, die drei Aufgaben zu lösen. Da kam nun die Reihe an den Schäfersburschen als an den letzten und geringsten unter den Freiern. Die erste Aufgabe war die: Der König hatte in einem Stalle hundert Hasen, wer die auf die Weide trieb, hütete und am Abend alle wieder zurückbrachte, der hatte die erste Aufgabe erledigt. Als das der Schäfersbursche vernahm, sprach er, er wollte sich erst noch einen Tag darüber besinnen, am andern Tage aber ganz gewiss bestimmen, ob er sich getraue, die Sache zu unternehmen oder nicht. Nun lief aber der Schäfersbursche auf den Bergen umher und war traurig, denn er scheute sich vor dem gewagten Unternehmen. Da begegnete ihm ein altes Mütterchen und fragte ihn nach der Ursache seiner Traurigkeit; er aber sagte: »Ach, mir kann niemand helfen.« Da sprach das graue Mütterchen: »Urteile nicht so vorlaut; sage dein Anliegen, vielleicht kann ich dir helfen.« Und da erzählte er denn die Aufgabe. Da gab ihm das Mütterchen ein Pfeifchen und sagte: »Hebe es wohl auf, es wird dir nützen!«, und ehe noch der Bursche sich bedankt hatte, war das Mütterchen verschwunden. Nun ging er fröhlich hin zum König und sprach: »Ich will die Hasen hüten!« Und da wurden sie aus dem Stalle herausgelassen. Als aber der letzte heraus war, sah man den ersten schon nicht mehr, der war schon über alle Berge. Der Bursche aber ging hinaus aufs Feld und setzte sich auf einen grünen Hügel und dachte: »Was fang ich an?« Da fiel ihm sein Pfeifchen ein; er tat es schnell heraus und pfiff, da kamen die hundert Hasen alle wieder gesprungen und weideten lustig um ihn herum an dem grünen Hügel.

Dem König und der schönen Prinzessin aber war gar nichts daran gelegen, dass der Schäfer die Aufgabe löse und die Prinzessin sich gewinne, weil er ein so geringer Schlucker war und nicht hochgeboren, und sie sannen auf Listen, wie sie machen wollten, dass der Hasenhüter seine Herde nicht vollzählig heimbringe.

Da kam die Königstochter dahergegangen und hatte sich verkleidet und ihr Gesicht verändert, dass er sie nicht kennen sollte, aber er kannte sie doch. Als sie nun die Hasen noch alle erblickte, fragte sie: »Kann man hier nicht einen von den Hasen kaufen?« Da sagte der Bursche: »Zu verkaufen gibt's keinen, aber abzuverdienen!« Da fragte sie weiter: »Wie ist das zu verstehen?« Da sprach der Bursche: »Wenn Ihr Euch mir zum Liebchen gebet und eine süße Schäferstunde mit mir haltet!« Sie wollte aber nicht. Da sie aber doch gern einen Hasen wollte und er keinen anders hergab, so bequemte sie sich endlich doch dazu. Da er sie nun genügsam geherzt und geküsst hatte, fing er ihr einen Hasen und steckte ihn in ihr Handkörbchen, und sie ging fort. Als sie nun wohl eine Viertelstunde weit von ihm weg war, pfiff er auf seinem Pfeifchen, und geschwind drückte der Hase den Deckel des Körbchens auf, sprang heraus und kam wieder gesprungen.

Nicht lange währte es, da kam der alte König und hatte sich auch vermummt, aber der Bursche kannte ihn doch. Der König kam auf einem Esel geritten und hatte hüben und drüben einen Korb hängen. Der König fragte: »Wird kein Hase verkauft?« – »Nein, verkauft nicht, aber abverdient kann einer werden!«, antwortete ihm dreist der Bursche. »Wie ist das zu

18

verstehen?«, fragte der König. »Wenn Ihr den Esel hier unter den Schwanz küsst«, begann der Bursche, »sollt Ihr einen haben!« Das wollte der König aber nicht tun, und er bot ihm schweres Geld, wenn er einen verkaufen wollte, der Bursche aber tat es nicht. Da nun der König sah, dass er keinen Hasen zu kaufen kriegte, bequemte er sich endlich dazu und gab dem Esel einen tüchtigen Schmatz unter den Schwanz, dann wurde ein Hase gefangen, in den einen Korb am Esel gesteckt und der König zog fort. Er war aber noch nicht weit, da pfiff der Bursche, und der Hase hüpfte aus dem Korbe heraus und kam wieder. Darauf kam der König nach Hause und sagte: »Es ist ein loser Bursche, ich konnte keinen Hasen bekommen!« Was er getan hatte, sagte er nicht. »Ja!«, erwiderte die Prinzessin, »so ging es mir auch!« Was sie aber getrieben hatte, gestand sie auch nicht. Als es Abend war, kam der Bursche mit seinen Hasen und zählte dem Könige sie vor, alle hundert zum Stall hinein.

Nun begann der König: »Die erste Aufgabe ist gelöst und nun geht es an die zweite! Merk auf! Hundert Maß Erbsen und hundert Maß Linsen liegen auf meinem Boden, diese habe ich untereinander schütten und wohl durchmengen lassen, wenn du diese in einer Nacht ohne Licht auseinander sonderst, dann hast du die zweite Aufgabe vollbracht.« Der Bursche sprach: »Ich kann es!« Und da wurde er auf den Boden gesperrt und es wurde die Türe fest verschlossen. Da nun alles im Schlosse ruhig war, pfiff er auf seinem Pfeifchen; da kamen gekrochen viele tausend Ameisen und wimmelten und kribbelten so lange, bis die Erbsen wieder auf einem besonderen Haufen waren und die Linsen auch. Als nun früh der König nachsah, war die Aufgabe gelöst, die Ameisen aber sah er nicht, die waren wieder fort. Der König wunderte sich und wusste nicht, wie es der Bursche machte. Darauf sprach er: »Ich will dir nun auch die dritte Aufgabe sagen. Wenn du in künftiger Nacht dich durch eine große Kammer voll Brot hindurch issest, dass nichts übrig bleibt, dann hast du die dritte Aufgabe vollbracht und dann sollst du meine Tochter haben!« Als es nun dunkel war, wurde der Bursche in eine Brotkammer gesteckt, die war so voll, dass bei der Türe nur ein Plätzchen leer war, wo er hintrat. Wie aber alles ruhig im Schlosse war, pfiff er wieder auf seinem Pfeifchen; da kamen daher so viele Mäuse, dass es ihm schier unheimlich wurde, und als es tagte, war das Brot alles aufgefressen, dass kein Krümchen mehr übrig war! Er aber polterte an der Türe und schrie:»Macht auf! Ich habe Hunger!« Da war nun auch die dritte Aufgabe gelöst.

Der König aber sagte:»Sage uns zum Spaß noch einen Sack voll Lügen, dann sollst du meine Tochter bekommen!« Da fing der Bursche an und sagte schreckliche Lügen einen halben Tag lang, aber der Sack wollte immer nicht voll werden. Da erzählte er endlich:»Ich habe mit der allerliebsten Prinzessin, meiner Braut, auch schon ein Schäferstündchen gehalten!« Bei diesen Worten, wurde sie feuerrot, der König sah sie an und ob es gleich Lügen sein sollten, so glaubte er's doch und bildete sich schon ein, wie und wo es geschehen sei. »Der Sack ist aber noch nicht voll!«, rief er. Da begann der Bursche:»Der Herr König hat auch den Esel …« – »Er ist voll, er ist voll! Strickt zu!«, rief der König, denn er schämte sich und wollte es nicht wissen lassen, welche Ehre dem Esel durch seinen königlichen Mund zu Teil geworden war, da sein ganzer Hofstaat im Kreise herumstand. Und nun wurde die Hochzeit des Schäferburschen mit der Königstochter gefeiert, vierzehn Tage lang, und da ging es so hoch her und lustig zu, dass, der es erzählt hat, wünscht, er wäre auch ein Gast dabei gewesen.

Märchen aus Thüringen

Das Goldspinnen

Es war einmal ein Müller, der hatte eine wunderschöne Tochter; aber niemand wollte sie zur Frau haben, so schön sie auch war. Stille sitzen und lange schlafen und putzen, das konnte sie; aber sonst verstand sie gar nichts, nicht einmal das Spinnen mochte ihr von der Hand gehen. »Warte«, dachte der Müller, »du sollst mir doch aus dem Hause«, und weil er ein weites Gewissen hatte und zufrieden war, wenn er sie nur irgendwo untergebracht, so ließ er überall bekannt machen, das Mädchen verstände die Kunst, aus Stroh lauteres Gold zu spinnen. Die Nachbarn wussten, dass es nicht wahr sei, und lachten darüber, aber die Leute in der Stadt glaubten es und der König voran; und weil er nicht wollte, dass ihm die Goldspinnerin entginge, sandte er hin zu dem Müller und ließ das Mädchen als seine Braut in das königliche Schloss holen.

Den ersten Tag gefiel ihr alles recht gut; aber am zweiten Tage wurde ihr angst und bange; denn der König führte sie in eine ausgeräumte Stube. Darauf mussten die Diener ein Spinnrad und ein Schock Stroh hereinschaffen, und als das drinnen war, hieß sie der König das Stroh über Nacht zu Gold spinnen. »Tust du es nicht, so kostet's dich dein Leben!« Mit diesen Worten schloss er die Türe hinter ihr zu, die Müllerstochter aber klagte und jammerte zum Gotterbarmen. Sie konnte nicht einmal Schwingelheede[1] zu Stricken spinnen, viel weniger Stroh zu Gold, und wenn sie es nicht fertigbrachte, hatte sie den Kopf verloren! Als die Glocke elf Uhr schlug, rasselte es im Stroh, ein kleines Männchen stand vor ihr und sagte: »Was gibst du mir, wenn ich dir helfe?« – Ant-

---

1 Rückstand des Flachses nach seiner Reinigung

wortete die Müllerstochter: »Was soll ich dir geben? Ich hab' nichts!« – »Du hast doch etwas«, sagte das Männchen, »gib mir deinen Ring vom Finger.« Da gab das Mädchen dem Männchen ihren Fingerreif, und als sie das getan hatte, wurde ihr müde und schläfrig zumut, und sie schlief ein. Nachdem sie wieder aufgewacht war, lag statt des Strohs in der Stube ein großer Haufen Gold, das Männchen aber war verschwunden.

Am andern Morgen schloss der König die Türe auf, und als er das viele Gold erblickte, tanzte er vor Freuden in der Stube herum. »Hei«, rief er, »das geht einmal schön! Aber du kriegst gewiss noch mehr kurz!«, und er gab Befehl, dass den zweiten Abend zwei Schock Stroh in die Kammer gebracht würden. »Du mein Gott«, jammerte die Müllerstochter, als sie nach Sonnenuntergang wieder allein in der Stube vor dem großen Haufen Stroh saß, »was soll daraus werden? Die erste Nacht ist's mir geglückt, diesmal wird das kleine Männchen gewiss nicht wieder kommen!« Aber es kam doch wieder: Um elf Uhr rasselte und knisterte es im Stroh, und das Graumännlein kroch zwischen den Halmen hervor und fragte: »Was gibst du mir, wenn ich dir auch heute bei der Arbeit helfe?« Nun hatte die Müllerstochter ein wunderschönes Geschmeide. »Willst du das haben?«, fragte sie das Männchen, und als es darin einwilligte, gab sie es ihm. Dann schlief sie ein, wie in der vergangenen Nacht, und als sie wieder erwachte, waren auch die zwei Schock Stroh zu Gold gesponnen. Diesmal war der König noch vergnügter, als er am Morgen die Türe aufschloss, und sprach zu seiner Braut: »Du gefällst mir! Aber eine Nacht musst du noch spinnen! Aller guten Dinge sind drei! Und dann sollst du Königin werden und Ruhe haben mit dem Spinnrad dein Leben lang.« Darauf gab er den Befehl, die Stube ganz voll Stroh zu packen, dass nur ein kleines Eckchen übrig blieb, in dem das Spinnrad stand. Und als der dritte Abend kam, führte er selbst seine Braut hinein und schloss hinter ihr ab.

Hatte die Müllerstochter die beiden Abende vorher viel

geweint, so flossen jetzt ihre bitterlichen Tränen und rannen auf den Fußboden herab, und sie verwünschte ihr Schicksal und ihren harten Vater, der, um sie aus dem Hause zu bringen, all das Elend angerichtet hatte. Während dem war es Nacht geworden und die Glocke schlug elf Uhr, da rasselte und raschelte es im Stroh, und das Graumännchen trat zum dritten Male vor das Mädchen und sprach:»Was gibst du mir, wenn ich dir bei der Arbeit helfe?« – Jetzt hatte die Müllerstochter aber wirklich nichts mehr, und sie sagte zu dem Männlein: »Ich kann dir nichts geben.« – »Warum nicht?«, gab es zur Antwort.»Versprich mir das erste Kind, welches du mit dem König bekommen wirst, wenn es ein Knabe ist, und ich spinne dir das Stroh zu Gold.« Anfangs wollte die Müllerstochter nicht darauf eingehen, als aber das Graumännchen dabei blieb, dachte sie bei sich:»Der liebe Gott wird dich doch nicht ganz verlassen, am Ende schenkt er dir zuerst ein Mädchen«, und sie sagte dem Männchen ihr Erstgebornes zu, wenn es ein Sohn würde. Darauf verfiel sie wiederum in den tiefen Schlaf, und als sie erwachte, war alles Stroh zu Gold gesponnen.

Am Morgen war die Freude groß. Der König ließ das Gold in die Schatzkammer tragen; dann wurde Hochzeit gefeiert, und die Müllerstochter war Königin über das ganze Land. Und ehe ein Jahr verging, schenkte ihr der liebe Gott, dass sie mit einem kleinen Prinzen niederkam. Das erfüllte die Königin mit großen Sorgen, denn sie dachte an den Handel, welchen sie mit dem kleinen Männchen abgeschlossen hatte, und sie konnte kein Auge zudrücken vor Angst und Kummer. Richtig, als es elf Uhr schlug, trat das kleine Männchen ganz leise, leise in die Stube herein und sprach:»Gib mir den Prinzen, wie du mir versprochen hast.« – »Das Kind gebe ich dir nicht«, antwortete die Königin,»denn was ich dir damals versprochen habe, das habe ich in der Not versprochen!«, und während sie das sagte, hielt sie den Prinzen mit beiden Armen umschlungen. Das Männlein wollte nun das Kind mit Gewalt nehmen, aber die Königin drohte zu schreien und den König zu wecken. Da wurde es zornig, schalt sie eine Lügnerin und ging wieder zur Türe hinaus. »Bekommen will ich dich doch«, sagte es bei sich, aber so leise, dass es niemand hörte, und so kam's, dass die Königin dachte, jetzt sei alle Gefahr vorüber, und fortan ohne Furcht vor dem Graumännlein lebte.

Der kleine Prinz wurde Alwin genannt und ward ein schöner, kluger Knabe, dass der König und die Königin ihre Herzensfreude an ihm hatten. Als er seinen vierzehnten Geburtstag feiern sollte, waren viele Junker aus der Nachbarschaft auf das königliche Schloss geladen, damit er sich mit ihnen seines Geburtstages freue. Es war ein schöner Tag, und die Sonne schien heiß vom Himmel herab. »Wir wollen unsere Pferde in die Schwemme reiten!«, rief Prinz Alwin, und so geschah es auch, ein jeder setzte sich auf sein gutes Ross und fort ging's, was die Pferde laufen mochten, zu dem See und in das Wasser hinein. Prinz Alwin war allen voraus, und mit einem Male sahen seine Gefährten, wie Mann und Ross in die Tiefe gezogen wurden und versanken. Das Pferd kam nach einer kleinen Weile wieder zum Vorschein, aber Prinz Alwin blieb verschwunden. Und kein Nachsuchen half, die Junker mussten ohne den Prinzen zurückkehren, und der König und die Königin betrauerten seinen Tod und weinten ihre bitterlichen Tränen zu seinem Gedächtnis.

Prinz Alwin war aber nicht ertrunken, sondern durch das Wasser hindurch gefallen auf eine große grüne Wiese. Über ihm war ein Himmel wie auf der Erde; aber so weit er um sich sehen konnte, war nichts zu erblicken als Gras, kein Baum und kein Strauch, nur langes grünes Gras. Er ging, wie im Wahne, den lieben langen Tag, aber die Wiese blieb Wiese. Endlich, auf den Abend, sah er vor sich ein kleines Haus stehen, und als er näher kam, schaute ein steinaltes Weib zum Fenster heraus, das sprach: »Guten Tag, Prinz Alwin, es ist gut, dass du da bist!« – »Woher kennst du mich?«, fragte der Königssohn. – »Ich kenne dich schon lange«, antwortete das Mütterchen, »seit vierzehn Jahren gehörst du mir an. Schon vor der Geburt hat dich deine Mutter meinem Manne verschachert! Jetzt komm herein, denn du bist die längste Zeit dein eigener Herr gewesen. Kannst du aber die Arbeiten bewältigen, die ich dir aufgebe, so magst du zurückkehren in deines Vaters Reich, sonst ist's um dein Leben geschehen.« Da gehorchte Prinz Alwin der Hexe und ging in das Häuschen hinein.

Als er drinnen war, wies ihm die Alte einen großen Haufen Knochen und Kartoffeln. Das musste er in einem Kessel zusammenkochen und dreihundert Näpfchen damit anfüllen. Nachdem er fertig geworden war, hieß ihn die Alte ein Näpfchen nach dem andern auf den Boden tragen. Dort saßen dreihundert Katzen, für die war das Essen bestimmt, und Prinz Alwin hatte zu tun bis nach Sonnenuntergang, dass jede Katze ihr Näpfchen bekam. Danach musste er das ganze Geschirr wieder zurücktragen in die Küche und abwaschen und trocknen, und es wurde Mitternacht, ehe er mit der Arbeit zu Ende gekommen war. »Hast du auch Hunger?«, sagte die Hexe, und als Prinz Alwin die Frage bejahte, hieß sie ihn von dem Katzenfutter aus dem Kessel nehmen. Das tat er aber nicht, sondern legte sich hungrig nieder und verfiel in einen festen Schlaf. Aber lange ließ ihm das böse Weib keine Ruhe; schon um drei Uhr störte sie ihn auf und sprach zu ihm: »Jetzt sollst du die erste Arbeit bekommen!« Damit lud sie ihm eine Tonne mit kohlrabenschwarzer Wolle auf den Buckel und führte ihn aus dem Häuschen hinaus durch das hohe Gras, bis sie zu einem kleinen See gelangten, an dessen Ufer ein großer Stein lag. »Bei Sonnenuntergang komme ich wieder«, sprach sie, »und wenn die Wolle dann nicht schneeweiß gewaschen und getrocknet ist, so ist dein Leben Gras.« Darauf kehrte sie ihm den Rücken zu und ging wieder in das Häuschen zurück.

Prinz Alwin machte sich geschwind an die Arbeit: Er tat weißen Seesand unter die Wolle und rieb und rang, aber es half alles nichts, die Wolle blieb kohlrabenschwarz, wie sie gewesen war. Zwei Stunden lang arbeitete er und wusch sich die Hände wund, dann ward er verzagt und setzte sich auf den Stein und weinte. Indem trat eine Jungfrau auf ihn zu, in schwarzem Gewande und mit einem schwarzen Schleier vor den Augen, und fragte:»Prinz Alwin, was weinest du?« – »Ich soll die Wolle weiß waschen und kann es doch nicht«, antwortete der Königssohn.»Das glaube ich wohl, dass du damit nicht fertig wirst«, sagte die schwarze Jungfer,»du könntest vier Wochen waschen, und sie bliebe schwarz, wie sie ist, aber sei unverzagt, ich werde dir helfen!« Darauf musste Prinz Alwin sich schlafen legen, und als er wieder erwachte, lag die Wolle auf der Wiese ausgebreitet und war schlohweiß und trocken; von der schwarzen Jungfer aber war nichts mehr zu sehen.

Auf den Abend kam die alte Hexe und besah die Wolle.
»Das hast du gut gemacht«, sagte sie und packte die Wolle in die Tonne, lud sie dem Königssohn auf den Buckel und kehrte mit ihm in das Häuschen zurück. Dort musste er sogleich wieder Knochen und Kartoffeln in dem großen Kessel kochen und die dreihundert Näpfchen füllen und sie zu den dreihundert Katzen auf den Boden tragen. Und als er fertig war mit dem Spülen und Abwaschen, schlug die Uhr eins; doch es focht ihn wenig an, denn er hatte den Tag über auf der Wiese ausgeschlafen. Nur der Hunger plagte ihn sehr, aber von dem Katzenfutter mochte er nicht essen, und andere Speise bekam er nicht. – Lange vor Sonnenaufgang befahl ihm die Alte, die Tonne zu nehmen, und ging mit ihm wieder zu dem See hinaus. Diesmal sollte er die schlohweiße Wolle schwarz waschen, wie sie gewesen war, und wenn er das nicht fertig bekomme und die Wolle nicht kohlrabenschwarz und trocken wäre, so müsse er des Todes sterben.

»Das ist nicht so schlimm wie die erste Arbeit«, dachte Prinz Alwin, und als die Hexe fort war, tauchte er die Wolle in die schwarze Modererde und zog sie wieder hervor. Aber die Wolle war weiß und blieb weiß, und wenn er sie durch den Schmutz zog und mit Füßen trat, sie glänzte wie frisch gefallener Schnee. Da war es auch aus mit seinem guten Mute, und er setzte sich wieder auf den großen Stein und weinte seine bitterlichen Tränen. »Prinz Alwin, was weinest du?«, sprach mit einem Male eine Stimme, und als er aufblickte, war es dieselbe schwarze Jungfer, die ihm schon gestern geholfen hatte. »Ich soll die weiße Wolle schwarz waschen und kann es nicht«, sagte der Königssohn. »Nein, das kannst du nicht«, antwortete die schwarze Jungfer, »und wenn du vier Wochen waschen würdest, aber ich werde dir helfen!« Danach musste Prinz Alwin sich schlafen legen, und als er wieder erwachte, war die Wolle kohlschwarz und trocken; aber die Jungfer war wieder verschwunden.

Die Sonne neigte sich schon zu ihrem Untergange, und es dauerte gar nicht lange, so erschien die alte Hexe, besah die Wolle und sagte wie gestern: »Prinz Alwin, du hast deine Sache gut gemacht!« Darauf lud sie ihm die Tonne wieder auf den Rücken und ging mit ihm in das Häuschen zurück.

Nachdem er die dreihundert Katzen besorgt und das Geschirr sauber gemacht hatte, legte er sich schlafen und wachte nicht eher auf, bis ihn die Alte rüttelte und schüttelte, ihm Forke und Besen, Schrupper und Scheuerlappen gab und ihn hinführte zu dem Stalle. »Den reinigst du mir, und wenn du ihn spiegelblank hast bis auf den Abend, darfst du zurückkehren in deines Vaters Reich, sonst bist du des Todes!« Als die Hexe fort war, öffnete Prinz Alwin die Stalltüre. Hu, da wimmelte alles von Addern[2], Kröten, Blenningen[3], Schlangen, Ratten und Mäusen, und Dung und Moder standen hoch an den Wänden herauf. Da war wohl sieben Jahre lang nicht ausgemistet worden. Prinz Alwin riss die Türe weit auf, damit die Tiere hinausgingen, aber keins kam heraus; da nahm er die

---

2 Ottern
3 barschartige Fische

Forke und schlug nach ihnen. Zisch! fuhren die Addern und Kröten, die Blenninge, Schlangen, Ratten und Mäuse auf ihn zu und sprangen ihm nach dem Gesicht, und er musste nur schnell die Türe zuschlagen, sie hätten ihn sonst ums Leben gebracht. Wie sollte er aber den Stall reinigen bei verschlossener Türe? Es blieb ihm wieder nichts übrig, als die Hände in den Schoß zu legen und bitterlich zu weinen. Indem stand die schwarze Jungfer vor ihm und sprach: »Prinz Alwin, was weinest du?« – »Nimm einmal an«, sagte Prinz Alwin, »ich soll diesen Stall rein machen, und darin ist soviel Schlangen- und Krötenwesen und anderes Ungeziefer, dass ich des Todes bin, wenn ich hineingehe. Wie soll ich aber den Stall reinigen bei verschlossener Türe?« – »Du hast recht, Prinz Alwin, das kannst du nicht«, antwortete die schwarze Jungfer, »aber ich will dir helfen. Wenn nun am Abend die alte Hexe kommt, so wird sie dich loben und dich morgen ziehen lassen. Auch zu essen wird sie dir geben; aber rühre nichts an, sonst bist du und ich verloren. Dann wird sie dir erlauben, dass du dir von den dreihundert Katzen eine auswählen darfst. Nimm die kleine bunte, welche ganz hinten in der Ecke sitzt!« Prinz Alwin versprach der schwarzen Jungfer, alles zu tun, wie sie ihm gesagt hatte; darauf musste er sich schlafen legen, und als er wieder erwachte, kam auch schon die alte Hexe gegangen. »Nun ist der Stall rein?«, rief sie und riss die Türe auf; da war der Fußboden blitzblank und die Wände glimmerten und glitzten wie Spiegelglas. »Das hast du recht gut gemacht, mein Sohn«, sprach die alte Hexe, »füttere heute noch einmal die Katzen, und morgen darfst du nach Hause gehen!«

Da war Prinz Alwin wohl zumute, und er kochte so flink wie möglich das Futter und trug die dreihundert Näpfchen auf den Boden und setzte sie den dreihundert Katzen vor, und als die Tiere fertig waren, wusch er alles Geschirr fein säuberlich aus und pfiff sich ein lustiges Lied dazu; es war ja das letzte Mal, dass er die Arbeit zu tun brauchte. Danach legte er sich schlafen, und die Alte ließ ihn ruhen, bis die Sonne hoch am Himmel stand. »Prinz Alwin«, sagte sie, als er die Augen aufschlug, »jetzt darfst du nach Hause zurückkehren. Aber ungegessen sollst du nicht von mir gehen!« Sprach's und ging in die Küche und trug eine fette Bratgans auf den Tisch, die war so knusperig und weich und roch so schön, dass Prinz Alwin das Wasser im Munde zusammenlief. Aber er dachte an das Versprechen, welches er der schwarzen Jungfer gegeben; und als die Alte aus der Stube ging, aß er nicht, sondern stellte die Gans auf den Ofen. Es dauerte gar nicht lange, so kehrte die Hexe zurück und fragte: »Prinz Alwin, hat dir der Braten geschmeckt?« – »Sehr gut«, antwortete er. »Hast du auch alles aufgegessen?«, forschte sie weiter. »Auch kein Knöchelchen ist übrig geblieben«, sagte Prinz Alwin. Da begann die Bratgans auf dem Ofen zu schreien: »Tutteruttuttuttuttutt! Tutteruttuttuttuttttitt!«, und sprang auf die Diele herab. »Ach, du bist wohl feinnäsig«, rief die Hexe, »Gänsebraten ist zu hart! Warte nur, mein Söhnchen, ich werde dir etwas Besseres bringen!« Sprach's und lief in die Küche, und es dauerte gar nicht lange, so kam sie mit einem Brathuhn zurück. »So, das wird dir besser schmecken«, sagte sie und ging wieder hinaus. Prinz Alwin überkam eine große Esslust, aber er bezwang sich und steckte das Brathuhn hinter den Ofen, und als die Alte zurückkehrte, sagte er wieder, der Braten habe ihm sehr gut geschmeckt und er habe nichts übrig gelassen. – »Gackgackgackgackgack!«, rief da das Brathuhn und sprang aus der Hölle heraus. Darüber wurde die Hexe sehr zornig und schalt: »Auch Hühner stehen dir nicht an? Doch halt, ich hab's, du bist andere Speise gewöhnt«, und sie lief zum dritten Male in die Küche und trug ein gebratenes Ferkel auf den Tisch. Hatte aber Prinz Alwin die Gans und das Huhn verschmäht, weil es die schwarze Jungfer ihm so befohlen hatte, so wollte er auch von dem Ferkel nichts wissen. Und damit ihn der Ofen nicht wieder verriete, denn er glaubte, der habe den Tieren die

Sprache verliehen, knöpfte er das Ferkel unter die Jacke und wartete ab, bis die Alte wieder in die Stube trat und danach fragte, wie ihm der Braten geschmeckt habe. »Ich habe alles verzehrt«, sagte Prinz Alwin auch diesmal, aber das Ferkel strafte ihn Lügen und rief: »Quiquiquiquiqui!«, und hörte nicht auf mit dem Schreien, bis er die Jacke aufgeknöpft hatte. Dann lief es zur Hexe, und die nahm es in ihre Schürze und sagte voll Zorn: »Wenn dir mein Essen nicht behagt, so magst du hungrig bleiben. Doch umsonst sollst du nicht gearbeitet haben; suche dir eine von den dreihundert Katzen aus, und welche dir am besten gefällt, die magst du nehmen!«

Das ließ sich Prinz Alwin nicht zweimal sagen und stieg mit der Alten auf den Boden hinauf. Ganz hinten in der äußersten Ecke saß die kleine bunte Katze und sah ihn unverwandt an. »Die will ich haben«, rief Prinz Alwin und griff sie und nahm sie auf seinen Arm und streichelte sie. »Sieh einer den Schlingel«, schalt die Hexe, »gerade meine Lieblingskatze sucht er heraus. Konntest du dir denn keine andere wählen? Da sitzen doch schwarze, graue und weiße die schwere Menge.« Aber Prinz Alwin blieb dabei, er wolle die bunte Katze haben, und da ihm die Alte freie Wahl gelassen, musste sie wohl oder übel damit zufrieden sein. »Nun lauf«, sagte sie, »und mach, dass du zu deinen Eltern zurückkommst. Sonst hätte ich dir den Weg gewiesen; da du aber meine Lieblingskatze gewählt hast, magst du dich selbst hinausfinden.« Prinz Alwin ging auch; aber als er auf der Wiese bei dem See war, wusste er nicht aus noch ein, und er setzte sich auf den großen Stein und weinte bitterlich. Da verwandelte sich mit einem Male das bunte Kätzchen zu seinen Füßen in die schwarze Jungfer und sprach zu ihm: »Prinz Alwin, du hast alles gut gemacht, und wenn du mir versprichst, dass du mich heiraten willst, so werde ich dich auf die Oberwelt zurückbringen.« Das versprach Prinz Alwin der schwarzen Jungfer von Herzen gerne, denn er hatte sie längst lieb gewonnen. »Nun aber noch

eins«, sagte das Mädchen, »wenn du nach Hause kommst, so
darfst du in drei Tagen nichts essen und nichts trinken. Hältst
du aus, so bin ich erlöst; und wie ich dich errettet habe, so er-
rettest du mich.« Auch das wollte Prinz Alwin gerne besorgen;
und nachdem er ihr die Hand darauf gegeben hatte, führte sie
ihn durch Luft und Erde und Wasser hindurch bis an das Ufer
des Sees, in welchem er damals mit den jungen Edelleuten
die Pferde in die Schwemme geritten. Darauf verschwand die
schwarze Jungfer, er aber ging in seines Vaters Schloss.

Der König und die Königin erschraken nicht wenig, als sie
Prinz Alwin wieder erblickten. Sie hatten ihn längst tot ge-
glaubt, denn nicht fünf Tage, wie es ihm geschienen, sondern
zehn Jahre war er bei der alten Hexe gewesen. Nun wurde aber
auch sogleich ein großes Festmahl ausgerichtet und Wiedersehen gefeiert. Alle aßen und tranken nach Herzenslust, nur
Prinz Alwin wollte nicht essen, weil er der schwarzen Jungfer
versprochen hatte, dass er drei Tage fasten würde. »Prinz Alwin, iss doch!«, riefen Vater und Mutter, und »Prinz Alwin, iss
doch!«, baten die andern alle, und weil ihm die guten Braten
so lieblich entgegen rochen und der Hunger ihn schier um-
brachte, so griff er endlich zu und aß und aß; und je mehr er
aß, umso mehr vergaß er, was ihm während der zehn Jahre
tief unter dem See bei der alten Hexe zugestoßen; und als er
satt war, hatte er alles vergessen und wusste nichts mehr von
der ganzen Sache. Nachdem ein paar Tage vergangen waren,
sprach die Königin zu ihm: »Mein Sohn, du sollst heiraten.
Dein Vater und ich, wir haben für dich bei dem Nachbarkönig
um seine Tochter geworben; zieh hin und hole die Braut!« Da
machte sich Prinz Alwin auf mit großem Gefolge und holte
die Prinzessin in seines Vaters Schloss. Dort war alles zubereitet zum festlichen Empfange, und als die sechste Woche nach
der Rückkehr des jungen Prinzen vergangen war, sollte Hochzeit gefeiert werden. Wie nun alle beim Mahle saßen, öffnete
sich die Türe des Saales, und die schwarze Jungfrau trat herein

und hatte auf jeder Schulter eine Taube sitzen. Sogleich stand
der Edelmann, welcher der Türe zunächst saß, auf und lud sie
zum Essen. Antwortete die Jungfer:

> »Ich werde schon essen,
> meine Täubchen nicht zu vergessen,
> wie Prinz Alwin
> saß auf dem Stein
> und weinte.«

Darauf ging sie weiter, der Spitze der Tafel zu, wo die Braut
und der Bräutigam saßen. Wieder nötigte sie einer von den
Tischherren sich niederzusetzen, aber sie wich ihm aus und
sprach von neuem:

> »Ich werde schon essen,
> meine Täubchen nicht zu vergessen,
> wie Prinz Alwin
> saß auf dem Stein
> und weinte.«

Da ließ der Junker sie gehen, und sie schritt weiter bis zu dem
Ende des Saales. Jetzt stand auch Prinz Alwin auf und bat
sie, mit ihm zu essen und fröhlich zu sein. Und als ihm die
schwarze Jungfer antwortete:

> »Ich werde schon essen,
> meine Täubchen nicht zu vergessen,
> wie Prinz Alwin
> saß auf dem Stein
> und weinte«,

fiel es dem Königssohn wie Schuppen von den Augen. Es war
ihm, als ob er aus einem schweren Traum erwache, und er ver-

ließ seine Braut, fasste die schwarze Jungfer bei der Hand und führte sie aus dem Saale heraus. Als sie allein waren, fiel er ihr zu Füßen und bat um Verzeihung. Sagte die schwarze Jungfrau: »Jetzt habe ich sechs Wochen hungern müssen, und du konntest dich nicht einmal drei Tage der Speise enthalten um meinetwillen. Was wirst du nun tun?« Sprach Prinz Alwin: »Warte ein Weilchen!«, und eilte in den Hochzeitssaal zurück. »Ihr lieben Herren«, sprach er zu den Gästen, »ich weiß ein Rätsel, wer kann es mir lösen? Ich habe einen kostbaren Schrank und besaß einen trefflichen Schlüssel dazu. Den habe ich auf der Reise verloren, und ich schickte zum Schlosser, um einen neuen zu bestellen. Inzwischen hat sich der alte wieder gefunden. Was soll ich nun tun? Verwerfe ich den alten Schlüssel oder bestelle ich den neuen ab, dieweil er noch nicht fertig ist?« Da riefen alle Gäste mit einem Munde: »Du sollst den alten Schlüssel nehmen!« Des freute sich Prinz Alwin, und er erzählte, wie alles gekommen war. Da wurde des Nachbarkönigs Tochter ihrem Vater zurückgeschickt, und Prinz Alwin machte mit der schwarzen Jungfer Hochzeit. Die war inzwischen schlohweiß geworden und sah so schön aus, dass sie die schönste Prinzessin war unter der Sonne. Sie lebte mit Prinz Alwin in Glück und in Frieden, und wenn die beiden nicht gestorben sind, so leben sie noch heute.

Märchen aus Pommern und Rügen

Der Schuster

Ein König hatte ein Schloss, das war verzaubert, und niemand konnte darin wohnen, denn alle, welche dorthin gegangen waren, hatte man nie mehr gesehen oder tot gefunden. Da war ein Schuster und es war gerade Fastnachtszeit, da sagte er zu sich selbst: »Alle Leute sind lustig und essen und trinken, ich aber bin ein armer Teufel und habe nicht einmal ein Stück Brot, um mir den Hunger zu stillen. Ich will doch sehen, ob ich nicht auch mein Glück machen kann!« Er ging schnurstracks zum Könige und sagte: »Eure Majestät, ich bitte um die Erlaubnis in das Schloss hin zu gehen, um es von den bösen Geistern zu befreien.« – »Das wäre mir schon recht«, sagte der König darauf, »aber du wirst nicht im Stande sein das auszurichten. Es sind schon viele hingegangen, welche stärker waren als du bist, und ich habe keinen lebendig wieder gesehen.« – »Ich will's doch versuchen«, erwiderte der Schuster, »wenn ich auch sterben muss, es liegt mir und niemandem etwas daran, denn ich habe in der ganzen weiten Welt keine Seele, die sich um mich kümmert. Aber darum bitte ich, dass ich im Schlosse Leder zum Arbeiten und auch zu essen und zu trinken bekomme.« – »Wenn du nichts anderes willst, daran soll's dir nicht fehlen«, antwortete der König und befahl sogleich seinen Dienern dem Schuster alles, was er verlange, in das Schloss zu tragen – denn bis über das erste Tor hinein durften sie gehen. Nun ging der Schuster mit den Dienern in das Schloss, und als sie innerhalb des ersten Tores waren, stellten sie das Leder und das Essen und Trinken hin und sagten: »Nun, Schuster, sieh selbst zu, wohin du es tragen willst, wir wünschen dir viel Glück!« – »Geht nur«, sagte der Schuster, »jetzt werde ich schon selbst für mich sorgen.« Er trug alles über die Stiegen hinauf, bis er eine Küche fand, da stellte er es nieder und machte sich an die Arbeit: Es war aber noch am Morgen. Zu einer gewissen Stunde kam plötzlich ein großer Bock in die Küche, der nahm den Schuster auf seine Hörner, trug ihn in den Garten hinab und ließ ihn dort allein. Der Schuster war zwar darüber gewaltig erschrocken; als er sich aber wieder allein sah, ging er durch den Garten. Er war ganz entzückt, denn der Garten war sehr schön, es standen darin allerlei mit Früchten beladene Bäume und wuchsen und dufteten Blumen von allen Gattungen, wie sie der Schuster in seinem Leben gar nie gesehen hatte. Da erblickte er ein wunderschönes Mädchen, welches kaum mit dem Kopfe über die Erde hervorragte. Sie erzählte ihm, wie sie schon seit vielen Jahren hier verzaubert sei und wie schon viele hergekommen seien sie zu erlösen, aber keinem sei es noch gelungen. »Wisse«, sagte sie, »dass ich die Tochter des Königs der sieben goldenen Berge bin. Wenn du willst, kannst du mich befreien. Aber drei Nächte musst du aushalten. Es werden viele Hexen kommen und werden dir drohen, dich zu ertränken, zu verbrennen und von den Mauern des Schlosses zu stürzen. Wenn du Furcht bekommst, so bist du verloren, wenn du dich aber nicht fürchtest, so kann dir nichts Böses widerfahren und du wirst mein Retter werden. Wenn du abends in ein Zimmer kommst, musst du dich mit Kleidern derselben Farbe antun, wie die der Tapeten ist, dann lege dich auf das Bett, aber sieh zu, dass du nicht einschläfst.«

Als es Nacht wurde, kam der Bock wieder, trug den Schuster in die Küche hinauf und verschwand. Der Schuster machte ein Feuer an und kochte sich sein Abendessen. Plötzlich entstand Geräusch im Kamin, und es fielen Totenschädel in Menge herab. Aber der Schuster erschrak darob nicht, sondern sagte: »Macht nur, was ihr wollt, aber ich esse und trinke, ich pfeife und singe mir eines dazu.« Als er gegessen und getrunken hatte, kam der Bock wieder und trug ihn in ein Zimmer. Dieses war gelb; der Schuster nahm daher ein gelbes Kleid, welches dort bereit lag, zog es an und warf sich auf das Bett; aber der Worte des Mädchens eingedenk schlief er nicht.

Um Mitternacht traten zwölf Hexen in das Zimmer und kamen zum Bette, indem sie zornig schrien:»Was willst du hier an unserm heiligen Orte, Erdenwurm, was suchst du? Entfliehe!« Aber er blieb ruhig und schwieg, so viel Lärm sie auch machten und so furchtbare Drohungen sie ausstießen. Endlich schleppten sie ihn über die Stiegen hinab zu einem Brunnen, um ihn hinabzustürzen. Schon war er am Rande desselben, da schlug es ein Uhr.»Verflucht sei diese Stunde!«, riefen die Hexen, indem sie weggingen und ihn liegen ließen. Der Schuster aber stieg vom Brunnensaume herab, ging in das Zimmer hinauf, legte sich nieder und schlief bis an den lichten Morgen.

Als es Tag war, kam der Bock wieder und trug ihn in die Küche. Dort bereitete sich der Schuster ein gutes Frühstück und verzehrte es wohlgemut; dann ging er singend und pfeifend über die Stiege hinab. Inzwischen waren die Diener des Königs gekommen, um zu sehen, ob der Schuster noch lebe und waren nicht wenig verwundert, ihn so fröhlich daherkommen zu sehen.»Wie geht's, Schuster?«, fragten sie.»Sehr gut«, erwiderte er; aber davon, dass er große Angst ausgestanden sowie von allem Übrigen, sagte er ihnen kein Wort. Der König wunderte sich ebenfalls von seinen Dienern zu hören, der Schuster sei noch am Leben und frohen Mutes und es gehe ihm sehr gut.»Wer weiß«, sagte er hocherfreut,»ob nicht der arme Schuster, auf den ich gestern noch wenig Hoffnung setzte, mein Schloss von dem bösen Spuke befreien werde.«

Der Schuster war indessen in den Garten gegangen und sah mit Freude, dass die verzauberte Prinzessin heute schon bis unter die Schultern über der Erde war. Sie fragte ihn, wie es ihm in der Nacht ergangen sei, und er erzählte ihr, es habe kaum ein Haar gefehlt, so wäre er in den Brunnen gestürzt und ertrunken. Sie munterte ihn auf, er solle nur keine Furcht haben. Wenn er sie befreie, so wolle sie seine Frau werden und ihn glücklich machen.

Als es wieder Nacht wurde, kam der Bock und trug den Schuster in die Küche. Während des Kochens fielen noch mehr Totenköpfe aus dem Kamin herab als am vorigen Abend und Stimmen riefen in einem fort: »Wirf! Wirf!« Aber der Schuster lachte nur und sagte: »Werft nur zu, ihr Armen, ich habe keine Furcht, auch nicht vor tausend, welche davon laufen!« Als er gegessen hatte, trug ihn der Bock in ein anderes Zimmer, welches rot war. Er zog nun ein rotes Kleid an und legte sich auf das Bett, aber er schlief nicht.

Um Mitternacht kamen vierundzwanzig Hexen und schrien mit grimmigem Zorn: »Was willst du hier an unserm heiligen Orte, Erdenwurm, was suchst du? Sprich!« Der Schuster aber hielt sich mäuschenstille und sagte kein Wort. Sie drohten ihm in furchtbarer Weise; zuletzt schleppten sie ihn in den Hof und schürten ein großes Feuer an. Schon hatten sie ihn gefasst, um ihn hineinzuwerfen, als es ein Uhr schlug. Da riefen die Hexen: »Verflucht sei diese Stunde!« Sie ließen ihn liegen und verschwanden. Der Schuster aber ging hinauf, legte sich nieder und schlief abermals bis an den lichten Morgen.

Als es Tag war, kam der Bock wieder und trug ihn in die Küche. Der Schuster frühstückte herzhaft; darauf ging er singend und pfeifend über die Stiege hinab zum Schlosstore, wo die Diener des Königs ihn erwarteten. »Wie geht's, Schuster?«, fragten sie. »Sehr gut«, erwiderte er und die Diener brachten die Nachricht dem Könige. Der Schuster aber ging in den Garten und da war die Prinzessin heute schon bis an die Knie über der Erde. Sogleich fragte sie ihn, wie es ihm in der letzten Nacht ergangen sei, und er erzählte ihr, wie kaum ein Haar gefehlt habe, und er wäre verbrannt worden. Sie machte ihm Mut und sprach: »Wenn du noch eine Nacht aushältst, so bin ich erlöst. Morgen werde ich dir noch mit meinem Tüchlein winken; dann erwart' ich dich über Jahr und Tag am Jordanflusse. Wenn du hinkommst, wirst du mich finden; sodann will ich dich zu meinem Vater, dem Könige von den sieben goldenen Bergen führen und dich heiraten.« Der Schuster versprach zu kommen.

Als es Abend war, kam der Bock wieder und trug den Schuster in die Küche. Als er sein Essen kochte, fielen noch mehr Totenköpfe beim Kamin herab und viele Stimmen riefen:»Wirf! Wirf!« Der Schuster aber lachte nur darüber, und als er gegessen hatte, trug ihn der Bock in ein schwarzes Zimmer. Da zog er ein ganz schwarzes Kleid an und legte sich auf das Bett, ohne zu schlafen.

Um Mitternacht stürzten achtundvierzig Hexen herein und schrien mit wuterfüllten Blicken den Schuster an:»Was willst du hier an unserem heiligen Orte, Erdenwurm, was suchst du?« Aber wer nicht antwortete, war der Schuster. Sie drohten ihm auf jegliche Weise, aber er blieb fest. Zuletzt schrie eine:»Geben wir ihm den Rest, hinauf mit ihm auf die höchste Mauer des Schlosses!« Und sie ergriffen ihn und fort ging es durch die Luft bis auf die höchste Mauer; schon wollten sie ihn hinunterstürzen, als es ein Uhr schlug.»Verflucht sei diese Stunde!«, riefen die Hexen und verschwanden; der Schuster aber stand am Rande der Mauer und konnte nicht hinab. Am Morgen sah er im Garten die Prinzessin, welche heute frei herumwandelte; sie winkte ihm mit ihrem Tüchlein zu und ging.

Indessen waren die Diener des Königs abermals gekommen. Als sie aber den schwarzen Mann auf der Spitze der Mauer sahen, da liefen sie voll Furcht zum Könige und berichteten ihm, auf der höchsten Mauer des Schlosses sitze ein schwarzer Mann, das könne niemand anderer sein als der leibhaftige Teufel aus der Hölle.

Auf Befehl des Königs zogen sogleich die Geistlichen mit Kreuz und Fahne in Prozession zum Schlosse, um den Teufel zu vertreiben. Als sie aber der Mauer nahe gekommen waren, schrie der Schuster aus Leibeskräften:»Ich bin nicht der

Teufel, ich bin der Schuster, welcher das Schloss des Königs befreit hat!« Als die Geistlichen dies hörten, kehrten sie um und erzählten es dem König. Dieser schickte sogleich seine Diener mit langen Leitern hinaus. Sie befreiten den Schuster und führten ihn zum König, welcher ihm hocherfreut sagte: »Hast dich wacker gehalten, Schuster. Nun sprich, was verlangst du von mir?« Da erwiderte der Schuster: »Eure Majestät, ich will weder Reichtum noch Gold, sondern nur eines der schönsten Pferde und ein kleines Reisegeld dazu.« Der König gewährte es gerne und als der Schuster das Pferd hatte, setzte er sich darauf und ritt fort zum Jordanflusse, wo die Prinzessin ihn erwartete.

Nachdem er fast ein Jahr lang gereist war und bis zu dessen Ende nur noch drei Tage fehlten, war er bereits ganz in der Nähe des Jordanflusses und übernachtete dort in einem Wirtshause. Treuherzig erzählte er den Wirtsleuten, weshalb er zum Jordan reise. Aber der Wirt hatte drei Töchter, die verliebten sich in den Schuster und sannen auf ein Mittel zu verhindern, dass er mit der Prinzessin spreche; daher gossen sie morgens einen Schlaftrunk in seinen Kaffee. Er merkte nichts, setzte sich auf sein Pferd und ritt zum nahen Jordanflusse, dort stieg er ab und band das Pferd an einen Baum; aber er konnte dem Schlafe nicht mehr widerstehen und schlief ein.

Bald kam die Prinzessin und wollte ihn wecken; aber so sehr sie ihn auch rüttelte, er erwachte doch nicht. Da seufzte sie und sprach: »Armer Mann, du bist betrogen!« Zugleich warf sie ihm ein Tüchlein zu, worauf ihr Bild war und entfernte sich. Aber in der Nähe war ein Hirte, der hatte alles gesehen, schlich herbei und nahm dem Schlafenden das Tüchlein weg.

Bald darauf erwachte der Schuster und wartete; als es aber Abend wurde, kehrte er in dasselbe Wirtshaus zurück und erzählte traurig, dass er sein Glück verschlafen habe. Die Töchter des Wirtes trösteten ihn damit, dass er ja noch zwei

Tage habe; allein am nächsten Morgen früh gossen sie wieder einen Schlaftrunk in seinen Kaffee. Darauf ritt er zum Jordan und schlief dort abermals ein. Zur bestimmten Stunde kam die Prinzessin und versuchte vergebens ihn zu wecken. Dann seufzte sie:»Armer Mann, du bist betrogen!« – ließ ihm einen Ring zurück und ging. Aber der Hirte, welcher wieder alles gesehen hatte, stahl ihm auch den Ring.

Als der Schuster erwachte und merkte, dass er die Zeit wieder verschlafen habe, kehrte er gar traurig in das Wirtshaus zurück und erzählte den Wirtsleuten von seinem Unglücke. Die Töchter des Wirtes trösteten ihn, indem sie sagten, er habe ja noch einen Tag: Aber am folgenden Morgen schütteten sie einen noch stärkeren Schlaftrunk in seinen Kaffee. Als er zum Jordan kam, schlief er wieder ein. Die Prinzessin kam und suchte ihn zu wecken, aber umsonst. »Du bist betrogen, armer Mann, du bist betrogen!«, rief sie und legte eine Locke ihrer Haare bei ihm nieder. Dann rief sie den Hirten, welchen sie gesehen hatte, und sprach:»Wenn der Mann hier erwacht, so sag' ihm, dass ich am Hofe meines Vaters noch zehn Jahre auf ihn warten will; kommt er während dieser Zeit nicht, so bin ich meines Versprechens entbunden.« Dann ging sie fort. Der Schuster erwachte und als er sah, dass er sein Glück zum dritten Male verschlafen habe, war er untröstlich und wollte sich in das Wasser stürzen. Da sprang aber der Hirte herbei und hielt ihn zurück, dann gab er ihm die drei Andenken, erzählte ihm, was die Prinzessin gesagt habe, und gab ihm einen Rat, was er tun müsse.

Nun muss man wissen, dass nahe am Jordanflusse auf einem Berge ein weltberühmter Zauberer lebte und der Rat des Hirten war, der Schuster solle zu demselben gehen und ihn befragen. Als der Zauberer die Frage des Schusters vernommen hatte, sagte er:»Für Einen, der immer der Landstraße nachgehen wollte, wäre es sehr schwer, in zehn Jahren in das Reich des Königs von den sieben goldenen Bergen zu kommen, denn es liegt sehr weit von hier. Daher rat' ich Euch, zum Jordan zurückzukehren und über den Fluss zu fahren, da werdet Ihr einen dichten Wald finden. Steigt auf die Bäume und geht immer geradeaus fort, dann kommt Ihr auch vor zehn Jahren hin.«

Der Schuster dankte und ging. Er fuhr über den Jordan und ging dann auf den Bäumen fort, denn dieselben standen so dicht, dass man darauf gehen konnte. Und der Schuster ging in einem fort und da er nur von Wurzeln und Kräutern lebte, wurde er blass und mager, und es wuchs ihm ein langer dichter Bart, so dass er vor sich selbst erschrocken wäre, wenn er sich hätte sehen können. Es fehlten noch wenige Monate, so waren die zehn Jahre um, und der Schuster war bereits im Reiche des Königs von den sieben goldenen Bergen.

Die Prinzessin hatte ihrem Worte getreu gewartet; als sie aber sah, dass der Schuster nicht komme, verlobte sie sich mit einem andern und in kurzer Zeit sollte die Hochzeit gehalten werden.

Eines Tages ging sie mit ihrem Verlobten auf die Jagd, da erblickte sie den Schuster am Ende des Waldes. Sie erkannte ihn aber nicht und rief ihrem Geliebten zu: »Sieh, sieh, dort ist der wilde Mann, fang' ihn mir, dass wir ihn dem Vater bringen!« Der Geliebte ging auf den Schuster zu, der sich willig fangen ließ und im Triumphe in die Stadt geführt wurde. Als ihn der König vom Balkon herab sah, lachte er herzlich und befahl, ihn mit den Pferden in den Stall zu führen. Hier setzten ihm die Diener Korn zum Fressen vor, er aber rief zornig: »Ich bin kein Tier, sondern derjenige, der die Tochter des Königs befreit hat; geht hinauf und sagt dem König, dass ich an seinem Tische sitzen will.« Die Diener sagten es dem Könige, der Schuster wurde vor ihn geführt und wiederholte seine Behauptung. Die Prinzessin aber sprach: »Wohlan, wenn er der ist, für den er sich ausgibt, muss er drei Andenken von mir herzeigen können.« Darauf zog der Schuster die drei

Andenken hervor und die Prinzessin sagte: »Wahrhaftig, er ist es!« – »Wohlan«, sagte der König, »dann wirst du ihn und nicht den andern heiraten!«

Nun wurde der Barbier gerufen und als der Bart verschwunden war, sah der Schuster wieder aus wie ein rechter Mensch. Darauf zog er auch vornehme Kleider an und es wurde sogleich Hochzeit gehalten. Damit ist meine Geschichte aus; nun erzählt die Eurige. »Die meinige sieht der Eurigen ähnlich, sie ist aber doch in vielen Dingen anders, darum will ich sie Euch sogleich erzählen.«

Märchen aus Südtirol

Leila und Keila

Im Türkenlande lag eine Stadt; in dieser Stadt lebte ein gewisser Statthalter, dessen Herz sehr schlecht war, und der, weil er keine Bezahlung vonseiten des Sultans erhielt, die Armen zu bedrücken pflegte.

Einmal hatte er einen Handel mit einem armen Tischler, und um sich zu rächen, legte er ihm auf, eine Summe von dreihundert Unzen Gold zu bezahlen. Der arme Tischler besaß weiter nichts als diese Summe und befand sich nach deren Weggabe im größten Kummer und am Verhungern.

Er besaß nun eine Tochter namens Leila. Diese war bucklig, hässlich, ihr Gesicht war pockennarbig, auf einem Auge war sie blind und sie hatte eine ganz dunkle Hautfarbe; in kurzen Worten: Sie konnte das Meer wild machen. Sie hatte eine Freundin, namens Keila; in dem Maße, wie Leila hässlich war, war Keila hübsch. Die beiden jungen Mädchen hatten sich sehr lieb – man konnte sie für Schwestern halten.

Einst – und zwar an dem Tage, der dem folgte, an dem der Vater Leilas das Geld an den Statthalter gezahlt hatte – traf unsere Leila bekümmerten Herzens mit Keila zusammen. Letztere merkte sofort, dass Leila etwas zugestoßen war; deshalb fragte sie sie, was ihr geschehen sei. Mit Tränen in den Augen erzählte ihr Leila, was der Statthalter ihrem Vater angetan habe. Keila sagte darauf: »Du hast ein Recht zu weinen, aber quäle trotzdem dein Herz nicht zu Tode! Bitte Gott, dass er uns ein Mittel ausfindig machen möge, damit dein Vater sein Geld sogar mit Zinsen wieder bekommt.«

Als nach etwa vier Tagen Keila nach der Kirche ging und diese betrat, traf sie mit Leila zusammen und sprach zu ihr: »Höre, Leila! Ich habe dir etwas zu sagen!« Und auf der Stelle erzählte sie ihr, was für einen Plan sie gefasst habe. Dieser gefiel Leila sehr, und sie nahm Keila mit zu ihrem Vater und hieß die Freundin ihm alles sagen, was sie selber eben gehört hatte. Der arme Tischler erklärte Keila, dass ihr Plan sehr gut sei, und dann kamen sie überein, schon am folgenden Tag mit der Ausführung zu beginnen. – Ihr müsst nun wissen, dass die türkischen Frauen einen Schleier tragen, der ihnen das ganze Gesicht bedeckt und nur die Augen herausschauen lässt.

Am nächsten Morgen begab sich Keila zum Statthalter und bat ihn, sie zu empfangen, denn sie wolle ihn um eine Gnade bitten. Der Statthalter ließ ihr sagen, dass er sie erwarte. So- fort stieg Keila zu ihm hinauf in den Palast, begab sich in den Saal, in dem er sich aufhielt, und sprach zu ihm, indem sie sich vor ihm auf die Knie warf: »Herr, ich lebe in beständiger Misshandlung vonseiten meines Vaters! Er will mich auch nie heiraten lassen, und jedem, der mich zur Frau wünscht, sagt er irgendetwas Schlechtes von mir! Ich komme, um dich zu bitten, mich aus seinen Händen zu befreien!«

»Höre, meine Tochter!«, antwortete der Statthalter, »ich glaube dir ja; aber es ist nötig, dass ich wisse, was dein Vater sagt!«

»Herr, ich schäme mich es dir zu sagen!« – »Wenn du es mir nicht sagst, kann ich dir aber nicht helfen!« – »Nun, wenn du es wissen willst, so wisse, dass er sagt, ich sei häss- lich, von dunkelster Hautfarbe, bucklig, auf dem einen Auge blind, habe das ganze Gesicht von Pockennarben zerfressen und sei alt!« – »Wie kann ich denn aber wissen, ob du häss- lich bist, wenn ich nicht dein Gesicht zu sehen bekomme! Zeige dein Gesicht, meine Tochter! Lass mich sehen, ob das wahr ist!«

Nun dürfen die türkischen Frauen nach ihrem Gesetz ihr Gesicht vor keinem Mann, außer vor ihrem Ehemann, unver- schleiert zeigen. Trotzdem nahm unsere Keila den Schleier von ihrem Gesicht, und jener andere geriet in Verwunderung über dessen Schönheit. »Zermartere dein Herz nicht!«, sprach der Statthalter zu ihr, »denn jetzt werde ich dich aus den Händen deines Vaters befreien, da ich dich zur Frau begehre!« Unsere Keila sprach in ihrem Herzen: »Dahin wollte ich dich haben! Ich habe dich dahin gebracht, wohin ich dich haben wollte!« Kurz, die beiden kamen überein, dass noch an diesem Tag der Statthalter zum Tischler gehen und ihn bitten solle, ihm die Tochter zur Frau zu geben.

Keila verließ eilends den Palast und traf Leila, der sie berichtete, dass der Statthalter sie für die Tochter des Tischlers halte, und erzählte ihr alles. Am Nachmittag begab sich nun der Statthalter zum Tischler und sprach zu ihm: »Du hast eine junge Tochter, die Leila heißt?« – »Jawohl!« – »Warum lässt du sie nicht heiraten, wie es doch der Koran gebietet?« – »Herr! Wer möchte eine wie sie haben?« – »Warum das?« – »Sie ist alt, blind, ganz dunkelfarbig, hässlich, bucklig und pockennarbig im Gesicht!« Der Statthalter sprach jetzt bei sich: »Lüg' du nur! Ich habe deine Tochter heute Morgen gesehen und habe auch gesehen, wie schön sie ist!« Und laut fuhr er fort: »Du willst sie mir nicht geben? Dann nehme ich sie dir weg!« Und weiter sprach er: »Höre! Willst du mir deine Tochter zur Frau geben?« – »Willst du sie so haben, wie sie ist?« – »Gewiss! Ich will sie alt, blind, dunkelhäutig, hässlich, bucklig und pockennarbig!« – »Hast du Appetit mich zu verspotten?« – »Ich scherze nicht! Willst du oder willst du nicht?« – »Nun, mein Herr, wenn du sie zu deiner Frau haben willst, so nimm sie! Aber wer sagt mir, dass du, wenn du sie siehst, sie nicht wieder fortjagst?« – »Nein! Ich jage sie nicht wieder fort! Und jetzt lasse ich dir einen Notar holen, und wir setzen die Schriftstücke auf!« – »Gut, mein Herr! Aber wir wollen es so machen: Du gibst mir jetzt gleich einhundertzwanzig Unzen Gold; und wenn du meine Tochter verstoßen solltest, gibst du mir weitere zweihundert Unzen!« – »Alles recht!«, versetzte der Statthalter und holte einen Notar herbei, zu dem er sprach:»Notar, schreib’ nieder, dass ich die Tochter des Tischlers heiraten werde: alt, blind auf einem ihrer Augen, dunkelhäutig, bucklig und pockennarbig! Dem Vater gebe ich jetzt einhundertzwanzig Unzen Gold, und sollte ich die Tochter jemals verstoßen, so werde ich ihm weitere zweihundert Unzen geben.« Der Notar brachte das zu Papier, beide setzten ihren Namen darunter und gingen wieder ihrer Beschäftigung nach.

So war denn alles den Wünschen Leilas und Keilas gemäß verlaufen. Aber Leila war doch etwas unruhig und hatte große Angst, dass der Statthalter, wenn er merken würde, dass man ihn zum Besten gehabt, sie in ein Zimmer einschließen und zu Tode peitschen würde. Keila sprach ihr Mut ein, und die andere beruhigte sich schließlich. Die Hochzeitsfeier nahte; man begab sich zum Tischler. Die Musik spielte auf zum Tanz. Dem Statthalter aber kam es wie hundert Jahre vor, bis er endlich sich allein befand mit seiner Frau. Als die beiden nach ihrem Haus gelangt waren, sprach er zu ihr:»Mein Herz, lege jetzt den Schleier ab und lass’ mich dein hübsches Gesicht genießen!« Leila tat den Schleier ab. Als der Statthalter das Gesicht sah, da wurde er wütend und jagte sie sofort hinaus. Leila verlor kein Wort, sondern eilte, so schnell sie konnte, davon und begab sich zu ihrem Vater. Der Statthalter wagte nicht zu atmen; denn, wenn er erzählt hätte, was ihm geschehen war, hätte ihn jeder ausgelacht und er hätte sein Amt verlieren können, denn er hatte ein junges Mädchen dahingebracht, dass sie ihr Gesicht ihm ohne Schleier zeigte! So musste er denn wohl oder übel zum Tischler gehen und ihm zweihundert Unzen Gold auszahlen, wie es der Kontrakt verlangte.

Als der Statthalter wieder vom Tischler fortging, machte er noch einmal halt und fuhr jenen an:»Du hast mich ja mannhaft hereingelegt!« – »Höre, mein Herr! Vor kurzem hast du mir dreihundert Unzen abgenommen, und heute habe ich dir dasselbe abgenommen!« – »Elender Kerl, der du bist, du hast mir dreihundertzwanzig Unzen und nicht dreihundert abgenommen!« – »Mein Herr, die zwanzig Unzen bilden die Zinsen dabei!« Bei diesen Worten musste der Tischler lachen; der Statthalter aber begann zu fluchen; und dann ging jeder an sein Geschäft.

Maltesisches Märchen

Der goldene Apfel
des unsterblichen Vogels

*E*s lebte einmal ein König, der hatte eine Tochter, die war das schönste Mädchen auf der ganzen Welt. Da es nun Zeit war sie zu verheiraten, so machte der König bekannt, wer den goldenen Apfel aus dem Garten des unsterblichen Vogels, des ewig brennenden und nie verbrennenden, seiner Tochter zu bringen vermöchte, der solle ihre Hand erhalten. Niemand getraute sich dies auszuführen. Da geschah es, dass ein Jüngling, als er die Königstochter sah, von so mächtiger Liebe zu ihr ergriffen wurde, dass er beschloss, alles zu wagen, um sie zu erwerben. Er wandte sich also an eine Zauberin, um sie zu fragen, auf welche Weise er in den Besitz jenes Apfels gelangen könne. Die antwortete ihm, er solle seine Flinte nehmen und den Weg rechts von ihrer Wohnung einschlagen; und alle Vögel, die er unterwegs antreffen werde, bis er in den Wald gelange, worin der unsterbliche Vogel wohne, solle er töten. In dem Walde angekommen werde er einen Alten finden, der mit Schläuchen handle; von diesen solle er einige kaufen und sie an der im Walde fließenden Quelle mit Wasser füllen. Dann solle er sie nach dem Schlosse in der Mitte des Waldes tragen. Vor der Tür des Schlosses stehe ein Apfelbaum, an dem hänge der goldene Apfel. »Dieser Baum nun«, so fuhr sie fort, »wird nach Wasser schmachten, begieße ihn also mit dem Wasser, das du in den Schläuchen hast, da wird er dich nicht mit seinen Zweigen schlagen, sondern sich vor dir niederbeugen. Nun schneide den Apfel ab und flieh eilig davon, denn so du einen Augenblick noch verweilst, werden die wilden Tiere aus dem Schloss hervorstürzen und dich fressen.« Der Jüngling tat ganz wie die Zauberin ihn geheißen, raubte den Apfel und kehrte zurück in die Stadt, in der der König wohnte. Als das Volk den goldnen Apfel sah, der wie die Sonne strahlte

und alle Weisen der Erde spielte, führte es den Jüngling unter
großem Freudengeschrei ins Schloss. Da ließ der König schnell
den Priester und den Brautführer kommen und seine Tochter
mit dem Jüngling trauen. Er trat ihnen auch seinen Thron ab,
und so lebten sie glücklich miteinander, wir aber sind hier noch
besser daran.

Märchen aus Griechenland

Die kranke Prinzessin

In der Hauptstadt eines großen Reiches herrschte tiefe Trauer. Kam ein Fremder und fragte nach der Ursache, so gaben ihm gleich zehn für einen zur Antwort, die schöne und einzige Tochter ihres geliebten Königs liege schwer krank darnieder, sie rühre sich nicht mehr und esse und trinke nichts, so dass man nur aus dem schwachen Atem entnehmen könne, sie sei noch am Leben. Die Ärzte seien schon zu hunderten gerufen worden und hätten tausende von Mitteln versucht, aber alles umsonst. Und wenn der Fremde dies gehört hatte, so brauchte er nur noch an den Straßenecken stehen zu bleiben und zu lesen: Da stand überall gedruckt, der König wolle seine Tochter demjenigen zur Frau geben, der sie retten würde, und damit niemand an der Richtigkeit dieses Versprechens zweifle, hatte der König selbst seine Unterschrift beigefügt.

Fern von der Hauptstadt wanderte ein Jüngling seiner Wege. Er war gar sittsam und schön gewachsen mit frischroten Wangen und fröhlichem Sinne, obwohl er elternlos in der Welt allein stand und am Gelde, das er hatte, nicht schwer trug. Aber ganz ohne Sorge um seine Zukunft war er doch nicht und so kam es, dass er unversehens in einen Wald geriet, sich verirrte und keinen Ausweg mehr fand. So lief er den ganzen Tag, stieg ober manchen niedergebrochenen Baum und wand sich durch manches dichte Gebüsche, bis er beim dämmernden Zwielichte des Abends neben einem großen Baume eine Einsiedlerklause sah. Er ging darauf zu und bat den alten weißbärtigen Einsiedler um Nachtherberge. Dieser erwiderte:

»Recht gerne, allein ich habe ober meiner Klause nur einen Dachboden mit weichem Mooslager, wo ich dich hinlegen kann. Da magst du wohl weich schlafen, aber ich will dir auch sagen, dass da schon mancher abends auf der Leiter hinaufgestiegen und morgens nicht wieder zurückgekommen ist.« – »Ich fürchte mich nicht«, sagte der Jüngling, »ich hab' ein rein Gewissen und mag es daher wohl versuchen.« Der Einsiedler teilte mit dem Gaste den kärglichen Abendimbiss mit einem Kruge schlechten lauen Regenwassers, dann führte er ihn zur Leiter, der Jüngling stieg hinauf und schlief, müde wie er war, bald ein.

Um Mitternacht erwachte er, es war ihm, als habe er im Traume Flüstern und Kichern gehört. Und richtig, als er auf den großen Baum hinübersah, den er am Abend neben der Klause bemerkt hatte, erblickte er dort viele Hexen, die saßen auf den Ästen und hatten sich gar viel zu erzählen. »Aber wo bleibt denn heute unser Pantoffel, la nostra ciabatta?«, fragten mehrere. Und sogleich erschien auch die gerufene, gar kleine und hässliche Hexe und erzählte mit boshafter Schadenfreude, wie sie in dieser und dieser Stadt die Tochter des Königs so behext habe, dass sie wohl bald sterben müsse. Der König habe bereits alle Ärzte im Lande gerufen, aber keiner wisse da zu helfen.

»Oh ja«, erwiderte die Kleine. Man dürfte nur diesen Baum hier neben der Klause ausgraben und eine Wurzel davon in dem Wasser der Quelle sieden, die unter dem Baume fließt. Gäbe man dieses Wasser dann der Prinzessin zu trinken, so würde sie noch in derselben Stunde gesund sein. »Aber«, fügte sie höhnisch lachend hinzu, »wer hat wohl in der großen Stadt eine Ahnung davon? Die schöne Prinzessin muss ihr junges Leben lassen.«

Sie sprachen noch vieles, bis im Osten der Tag graute. Dann flogen sie schwirrend davon, wie ein Schwarm Vögel, welche der nahende Jäger aufschreckt.

Der Jüngling hatte sich alles wohl gemerkt. Der Einsiedler war erstaunt, ihn am Morgen so frisch und gesund wiederkehren zu sehen, und erzählte ihm, wie er schon lange Jahre in dieser Wüstenei lebe und ihm nichts fehle als eine Quelle frischen Wassers. Das kam dem Jünglinge gelegen und er verhieß dem Einsiedler eine reiche Quelle, wenn er ihm erlaube, jenen Baum auszugraben. Der Alte wollte anfangs davon nichts hören. Endlich aber gab er den Bitten des Jünglings nach, holte Schaufel und Hacke und beide machten sich daran, den Baum auszugraben. Es war ein schweres Stück Arbeit und es dauerte lange; endlich aber neigte sich der Baum immer mehr und fiel bald ganz um. Während der Baum noch fiel, sprang auch schon eine volle reiche Quelle des reinsten und besten Trinkwassers empor. Der Einsiedler wusste sich vor Freude fast gar nicht zu lassen; der Jüngling aber schnitt sogleich einige Wurzelenden ab, ließ sich vom Einsiedler ein Fläschchen geben und füllte es mit Wasser. Beides barg er sorgfältig an seinem Leibe und machte sich dann unverweilt auf den Weg, nachdem er zuvor noch den Einsiedler, der ihm gar nicht genug danken konnte, um die Lage jener Stadt und die Richtung des Weges dahin befragt hatte.

Er wanderte unermüdlich weiter und weiter und als am Morgen des dritten Tages die Sonne aufging, stand er schon an der breiten und hohen Treppe, welche in die Königsburg hinaufführte. Sogleich kamen die Diener und fragten ihn, was er wolle. Dann berichteten sie dem König, es sei ein junger Mann da, der mache sich erbötig, die Prinzessin unverzüglich zu heilen. Der König ließ ihn vor und da ihm das einnehmende sittige Wesen des Jünglings gefiel, gestattete er ihm, den Heilungsversuch zu machen.

Der Jüngling ließ sich in die Küche führen, entfernte die Dienerschaft und tat, was er zu tun hatte. Hierauf trat er in das Zimmer der Kranken und flößte ihr einige Tropfen des Wunderwassers in den Mund. Sogleich schlug sie die Augen auf und es dauerte nur wenige Stunden, so hatte sie auch schon frisch und gesund ihr Schmerzenslager verlassen.

Der König hielt sein Versprechen umso lieber, je mehr der Jüngling auch der Prinzessin gefiel, und bald wurde eine so lustige Hochzeit gehalten, wie im ganzen weiten Reiche nie eine war und auch in tausend Jahren keine mehr sein wird. Das neu vermählte Paar lebte glücklich und zufrieden und wenn der Leser noch mehr wissen will, braucht er bloß in alten Chroniken nachzublättern; denn da wird geschrieben stehen, dass der glückliche Arzt seinerzeit auch König geworden ist und das Land gerecht, weise und milde regiert und von manchen alten Schäden geheilt hat.

Märchen aus Südtirol

✺

Die schöne Schläferin

 s war einmal ein König, der hatte drei Töchter. Die älteste
war schön wie der Tag, die zweite war schöner als die erste
und die jüngste schöner als beide zusammen. Der König aber
liebte nur seine beiden älteren Töchter. Sooft er in ferne Länder
zog, versäumte er nicht, ihnen schöne Geschenke mitzubringen. Nur der Jüngsten brachte er nie etwas mit.

»Vater«, sprach sie eines Tages zu ihm, »so oft Ihr in fer-
ne Länder zieht, versäumt Ihr nicht, meinen beiden älteren
Schwestern schöne Geschenke mitzubringen. Nur mir bringt
Ihr nie etwas mit.«

»Was soll ich dir denn mitbringen?«

»Bringt mir eine schöne Blume.«

»Liebe Tochter, dein Wunsch soll erfüllt werden.«

Wenige Tage später zog der Vater wieder fort. Als er durch
eine große Stadt kam, kaufte er für seine älteren Töchter
schöne Geschenke. Der Jüngsten Geschenk vergaß er. Gegen
Abend kam er an einem Schloss mit prächtigem Garten vorbei. Plötzlich erinnerte sich der König des Versprechens, das er
seiner Jüngsten gegeben hatte. Schnell stieg er vom Pferd und
pflückte die schönste Blume ab. Er hatte sie kaum gebrochen,
als schon eine Stimme hinter ihm ertönte.

»König, du hast mir die schönste meiner Blumen gestohlen!«

»Wer bist du? Ich höre dich, sehe dich aber nicht.«

»Ich bin, wer ich bin. Wenn du willst, kannst du mich
sehen. König, du hast mir die schönste meiner Blumen gestohlen, gib mir dafür die schönste deiner Töchter zur Ehe.
Wenn nicht, dann fresse ich euch alle lebendig auf, dich und
die Deinen.«

»Ich will mit meinen Töchtern reden.«

Der König machte sich auf den Heimweg. Als er auf sein Schloss kam, rief er seine drei Töchter: »Töchter, hört! Hier sind die Geschenke, die ich für die beiden Älteren mitgebracht. Da, die schöne Blume, die ich für die Jüngste nahe eines Schlosses mit prächtigen Gärten gepflückt habe. Ich hatte sie kaum gebrochen, als schon eine Stimme hinter mir ertönte. Aber ich sah den nicht, der sprach. ›König‹, sprach die Stimme zu mir, ›du hast mir die schönste meiner Blumen gestohlen, gib mir dafür die schönste deiner Töchter zur Ehe. Wenn nicht, dann fresse ich euch alle lebendig auf, dich und die Deinen.‹ Wer von euch dreien will den unsichtbaren Herrn dieses Schlosses heiraten?«

»Vater, ich nicht«, sagte die Älteste.

»Vater, ich nicht«, sagte die Mittlere.

»Vater«, sagte die Dritte, »ich will nicht, dass Ihr lebendig aufgefressen werdet, Ihr und die Eurigen. Ich heirate, wen Ihr wollt.«

Am folgenden Morgen nahm der König seine jüngste Tochter zu sich aufs Pferd und brachte sie zu dem Schlossgarten, wo er am Abend zuvor die schönste Blume gepflückt hatte.

»Leb wohl, meine Tochter, bitte Gott, dass er dich vor allem Übel bewahre.« Und in gestrecktem Galopp sprengte der König davon.

Lange, lange stand die Tochter in den Anlagen, bitterlich weinend. Endlich klopfte sie an das Schlosstor. Doch das Schloss schien leer, die Türen wurden nicht aufgemacht. Da kehrte die Ärmste in den Garten zurück und fing an, Blumen zu pflücken. Bei Sonnenuntergang ließ sich plötzlich eine Stimme vernehmen.

»Pflücke nur Blumen, Liebste, pflücke, so viel du willst.«

»Wer bist du, ich höre dich, sehe dich aber nicht.«

»Ich bin der, den du heiratest. Wenn du dich nicht fürchtest, so sprich, und du siehst mich.«

»Ich fürchte mich nicht.«

Da erblickte das junge Mädchen einen Drachen, der war so groß und ungeschlacht wie eine Pappel.

»Sieh da, Liebste, willst du mich noch immer heiraten?«

»Drache, ich tu, wie ich gesagt habe. Wir halten Hochzeit, wann es dir gefällt.«

»Hier, Liebste, der goldene Brautring.«

Und der Drache steckte einen goldenen Ring an den Finger des jungen Mädchens.

»Höre, Liebste, trage diesen goldenen Ring immer an deinem Finger und ziehe ihn nie, nie aus, sonst geschieht großes Unheil. Wirst du krank, dann wird der Ring wie Silber, wird er wie Blut, dann droht dir Todesgefahr.«

»Dank dir, Drache. Darf ich jetzt wieder aufs Schloss zu meinem Vater? Ich bin ja noch jung, mit unserer Hochzeit eilt es gewiss nicht.«

Da nahm der Drache seine Braut auf den Rücken und flog dahin, schneller als der Wind. Im Nu stand sie im Schlosshof ihres Vaters. Ohne ein Wort zu sagen, flog der Drache wieder fort, und die Ärmste ging zum Gemach ihres Vaters.

»Guten Abend, Vater.«

»Guten Abend, Tochter. Was willst du hier?«

»Ich bin wiedergekommen, weil ich hier den Hochzeitstag abwarten will.«

Am andern Morgen waren ihre Eltern und die ganze Dienerschaft traurig, so traurig wie der Tod. Am übernächsten wurden sie krank, am dritten Tag war es ihnen sterbensübel.

»Weh mir«, dachte das junge Mädchen, »dass ich den Drachen verlassen habe. Nun rächt er sich an den Meinen.«

Sie rief ihren kleinen Hund und ging in den Garten. Es war im Mai. Die Blumen dufteten süß und leuchteten in allen Farben, nur in einer Ecke war die Erde kahl und unfruchtbar. Das Mädchen zündete darauf eine Hand voll trockner Zweige an. Sofort stieg der Drache aus dem Boden.

»Liebste, wenn du mich nicht noch diesen Morgen heiratest, müssen deine Eltern und alle Dienerschaft bis Sonnenuntergang sterben.«

»Drache, sag dem Priester, dass er sich beeile, und hole du mich in einer Stunde ab.«

Eine Stunde später lud der Drache seine Braut im weißen Hochzeitskleid auf seinen Rücken und flog durch die Luft, schneller als der Wind.

Nach der Brautmesse sagte der Drache zu seiner Frau: »Liebste, sieh um dich, was siehst du?«

»Zu meiner Rechten sehe ich einen jungen Mann, schön wie der lichte Tag. Zur Erde sehe ich die Flügel und die Haut eines Drachen.«

»Liebste, höre! Ich bin König wie dein Vater. Die Hochzeit hat mich von allem Übel erlöst, das ein böser Zauberer mir angetan hat. An der Kirchentür erwarten dich meine Leute, um dich zum Schlosse zu geleiten. Trage diese Flügel und die Drachenhaut auf unser Zimmer. Versäume nicht, sie bis zu meiner Rückkehr bis zum letzten Rest zu verbrennen. Tust du das nicht, dann kommt großes Unheil über dich. Tust du aber, was ich dir sage, so komme ich beim ersten Schlag der Mitternacht, und wir leben für immer glücklich zusammen.«

»König, es soll alles so geschehen.«

Der König verschwand, und seine Leute führten die Königin aufs Schloss. Sie ließ im Kamin ihres Zimmers ein großes Feuer anrichten, riegelte die Türe zweimal ab und warf die Flügel und die Drachenhaut in die Flammen. Eine Stunde danach blieb in der Asche nichts übrig als eine schöne Blume, ganz ähnlich der, die ihr Vater damals im Schlossgarten gepflückt hatte. Die Königin nahm die schöne Blume und stellte sie in eine goldene Vase. Dann legte sie sich zu Bett und schlief ein. Aber eine Viertelstunde vor Mitternacht kam der böse Zauberer.

»Ei«, sagte er, »die schöne Blume ist nicht verbrannt.«

Und damit ergriff er die schlafende Königin und trug sie durch die Wolken.

Beim ersten Schlag der Mitternacht pochte der König an die Zimmertür:

»Fürchte dich nicht, Liebste, ich bin's, öffne mir!«

Aber niemand antwortete. Mit einem Achseldruck stieß er die Türe ein. Zimmer und Bett waren leer. Nur in der goldenen Vase duftete die schöne Blume.

»Oh, Unglück, der böse Zauberer war da!«

Die ganze Nacht brütete der König in tiefem Schmerz. Bei Tagesgrauen kam ihm der Gedanke: »Nach Rom, zum Papst!«

Ein Jahr später trat er in den Palast des Papstes zu Rom.

»Seid gegrüßt, Papst von Rom, ich möchte Euch um einen großen Dienst bitten.«

»Sprich, Freund.«

»Papst von Rom, ein böser Zauberer hat mir meine Frau geraubt, wisst Ihr, wo sie ist?«

»Nein, Freund, aber Sankt Peter wird es dir sagen.«

Und der Papst von Rom sah zum Fenster hinaus und erhob den Arm. Alsbald kam ein Adler, wie ein Ochse so groß, und setzte sich auf das Fenstersims.

»Adler, du weißt, was ich will, gehorche!«

Der Adler nahm den König in seine Fänge und trug ihn zur Paradiesespforte. Der König sah durchs Schlüsselloch. Er sah den lieben Gott und die seligste Jungfrau, wie sie zur Vesper sangen inmitten aller Engel und Heiligen. Das war so schön, so unendlich schön, dass er sich durchaus nicht beeilte, bei Sankt Peter zu klopfen. Aber der Adler versetzte ihm einen gewaltigen Schnabelhieb.

»Schnell, ich habe auch noch anderes zu tun!«

Beim ersten Dröhnen des Türklopfers sprang das Tor auf.

»Sei gegrüßt, Sankt Peter. Ich komme vom Papst zu Rom. Ich möchte dich um einen großen Dienst bitten. Ein böser Zauberer hat mir meine Frau geraubt. Sage mir doch, wo sie ist!«

»Freund, deine Frau sitzt gefangen auf einem hohen Berg, auf einer Insel im Weltmeer. Im Schatten einer alten Eiche schläft sie und wird dort schlafen, bis du sie aufweckst. Aber du bist noch nicht auf der Insel, und der böse Zauberer wacht Tag und Nacht. Er hat sich zum König aller Fische gemacht und herrscht in der Luft und im Wasser. Als unser Herr Jesus Christus noch auf Erden wandelte, war ich Fischer in meiner Heimat. Dort habe ich meine Fischerbarke zurückgelassen, in der Brot und Wein nie ausgehen. Desgleichen habe ich dort meine gute Angelrute mit goldenem Angelhaken, den der Herr gesegnet hat, zurückgelassen. Steige in meine Barke und stoße damit aufs Meer ohne Furcht und Zagen. Wenn du dich der Insel nahst, wird der Fischkönig die Wasser in ihren Tiefen aufwühlen und die Stürme aufpeitschen. An meiner Angelrute befestige einen Köder von Menschenfleisch, dann spürst du einen Ruck, dass du ins Meer zu fallen glaubst, aber halte gut, zieh fest! Sechsmal kommt der Fischkönig herauf, jedes Mal in anderer Gestalt. Beim siebenten Mal nimmt er Menschengestalt an. Dann nimm dein Schwert und schlag ihm auf dem Rand der Barke den Kopf ab, das Übrige ist dann leicht.«

»Hab Dank, Sankt Peter.«

Die Paradiesespforte schloss sich wieder, und der Adler trug den König in seinen Fängen an das Meeresgestade. Dort fanden sie die Fischerbarke des heiligen Petrus und seine gute Angelrute mit dem goldenen Angelhaken, den der Herr gesegnet hatte.

»Hab Dank, Adler.«

Der Adler erhob seine Schwingen und flog davon. Der König aber sprach: »Jetzt brauche ich Christenfleisch für die Angelrute des heiligen Petrus.«

In diesem Augenblick trieb ein kleiner Hütejunge mit seinen Schafen vorbei. Der König aber sprach zu sich: »Nein, ich töte dieses Kind nicht, ich will lieber im Friedhof nachgraben.«

Vor einem frisch zugeworfenen Grab blieb er stehen. Dann sprach er zu sich: »Nein, die Toten mögen ruhen.« Und sogleich stieg er in die Barke des heiligen Petrus und stieß aufs Meer hinaus, schneller als der Wind. Bei Sonnenaufgang war er noch hundert Ellen von der Insel entfernt, wo seine Frau noch immer auf dem Gipfel eines hohen Berges im Schatten einer alten Eiche schlummerte.

Da wühlte der Fischkönig schrecklich in den Wassern und peitschte die Stürme auf.

»Nur gemach, Fischkönig, dir habe ich noch etwas zu sagen.« Der König zog sein Schwert, schnitt sich damit aus dem Schenkel ein Stück Fleisch, befestigte es an dem goldenen Angelhaken und warf die Rute aus. Alsbald spürte er einen Ruck, dass er glaubte, ins Meer zu fallen. Doch hielt er gut und zog fest. Endlich kam der Fischkönig an die Wasseroberfläche in Gestalt einer großen Schlange.

»Fischkönig, du mühst dich umsonst.«

Der Fischkönig tauchte unter und erschien als schwimmendes Gras.

»Fischkönig, du mühst dich umsonst.«

Der Fischkönig tauchte unter und erschien singend als Sirene.

»Fischkönig, du mühst dich umsonst.«

Der Fischkönig tauchte unter und erschien als Nebel, der auf den Wassern steigt.

»Fischkönig, du mühst dich umsonst.«

Der Fischkönig tauchte unter und erschien als stinkendes Aas.

»Fischkönig, du mühst dich umsonst.«

Der Fischkönig tauchte unter und erschien als des Königs Frau.

»Fischkönig, du mühst dich umsonst.«

Der Fischkönig tauchte unter und erschien endlich in seiner wahren Gestalt.

»Bravo, mein Freund, komm her, ich habe dir zwei Worte zu sagen.«

Und der König nahm sein Schwert, packte den bösen Zauberer bei den Haaren und hieb ihm auf dem Rand der Barke den Kopf ab. Dann landete der König auf der Insel. In einem Augenblick war er auf dem Gipfel des Berges, wo die Königin immer noch im Schatten einer alten Eiche schlummerte.

»Liebste, wach auf!«

»Bist du es, König? Gott sei gedankt. Nun sind unsere Leiden zu Ende. Oh, kehren wir schnell in die Heimat zurück.«

Beide stiegen in die Barke des heiligen Petrus. Sieben Tage später zogen sie in ihrem Schlosse ein, wo sie noch lange und glücklich lebten.

Märchen aus der Provence

Die Drachenfedern

W ar einmal vor langer Zeit ein reicher Wirt, der hatte eine wunderschöne Tochter. Neben dem Wirtshaus wohnte in einer gemieteten Hütte ein armer Holzhacker mit seinem Sohn. Dieser war ein lebensfroher, kräftiger Junge, der schönste Bursche im ganzen Dorf und dazu noch recht brav und arbeitsam. Immer war er guter Dinge und zur Arbeit aufgelegt, nur wenn er die Liese, die Wirtstochter sah, dann stand ihm der Gedanke still und sein Blick verlor die frühere Fröhlichkeit. Auch Liese war dem Jungen herzlich gut; nur schade, dass er so bitterarm war, weshalb ihr Vater, wenn sie ihn um seinen Segen gebeten hätten, ganz gewiss nicht ja gesagt haben würde. Aber versuchen konnten sie's ja doch, und sie taten's auch.

Der Vater hieß die Tochter ein dummes Ding und wies ihr die Tür, dem Freier aber gab er lachend zur Antwort, wenn er sich seine Tochter verdienen wolle, müsse er dem Drachen in dem großen Wald, der einige Stunden vom Dorf entfernt lag, drei goldene Federn ausreißen und sie ihm herbringen, sonst solle er sich gleich fortmachen. Der Junge war ganz zufrieden mit dieser Bedingung, denn obwohl er wusste, wie grimmig der Drache über jeden herfalle und wie schreckhaft er aussehe, so hoffte er doch, durch List dem Ungetüm beikommen zu können, und machte sich sogleich auf den Weg zum Schloss des Drachen, das in einem dunklen Wald lag.

Unterwegs kam er an einem Haus vorbei, vor dessen Tür ein alter Mann saß, der den Kopf auf beide Hände stützte und sehr traurig schien. »Was bist du denn so traurig?«, redete der Vorübergehende ihn an.

»Ja, meine Tochter ist schon viele Jahre krank und nur der Drache könnte ihr helfen, aber ...«

Da unterbrach ihn der Holzhacker:»Ich gehe jetzt eben zu ihm, vielleicht erfrage ich ein Mittel von ihm, und wenn ich wiederkomme, will ich's dir dann sagen.«

Der Holzhackersohn ging weiter und sah in einem grünen Anger eine große Menge Menschen um einen Apfelbaum versammelt.»Gefällt euch denn der Baum so gut, ihr Leute, dass ihr so hinaufschaut?«, fragte er im Vorbeigehen.

»Ja, der Baum«, redete da einer von ihnen den Fragenden an,»der Baum gefiele mir freilich, wenn er wie früher goldene Äpfel trüge; aber leider treibt er jetzt nur schlechte Blätter. Wenn du aber zum Drachen gehen willst und ihn fragen, warum dies geschieht, so sollst du's mir nicht umsonst tun.«

»Ja, ja«, sagte der Holzhackersohn,»das will ich auch«, und ging weiter.

Schon sah er den dunklen Wald vor sich, über den eine Nebeldecke sich ausbreitete, und beschleunigte seine Schritte. Da gelangte er an einen Fluss, wo ein alter Fischer ihn in einem kleinen Kahn hinüberführte und ihm klagte, dass er schon so lange dieses langweilige Geschäft versehe und nie abgelöst werden könne, wenn ihm nicht der Walddrache einen guten Rat gebe. Der dienstfertige Holzknecht versprach ihm, auch sein Anliegen dem Drachen vorzutragen, nachdem er ihm erzählt hatte, warum er in den gefährlichen Wald gehe. Der gute Fischer fing fast zu weinen an, weil er sehr um das junge Leben des Burschen besorgt war. Aber er war doch froh in der Hoffnung, dass auch er noch erlöst werden könnte, und versprach ihm viel Geld zur Belohnung.

Bald fand der junge Brautwerber, weil eben jetzt die rechte Zeit war, das Schloss des Drachen. Er ging hinein und war ganz erstaunt über die große Pracht, die ihm überall entgegenstrahlte; den gefürchteten Herrn aber wurde er nicht gewahr, denn zum Glück war er eben nicht zu Hause. Der Drache hatte jedoch eine Frau, die keinem Menschen Leides, sondern nur Gutes tat. Als diese den Holzknecht sah, ging sie ihm entgegen, war sehr freundlich zu ihm, und als er ihr sein Anliegen klagte und vom traurigen Manne, vom Apfelbaum und vom Fischer erzählte, versprach sie ihm, sogar selbst seine Sache zu übernehmen, und versteckte ihn unter der Bettstelle.

Spät in der Nacht erst kam der Hausherr zurück und war heute recht wild, noch viel wilder als sonst, und sobald er ins Gemach eintrat, rief er, voll Zorn um sich blickend: »Ich schmeck', ich schmeck' einen Christen!«

»Oh nein«, entgegnete darauf die Frau, sich verstellend und schmeichelnd, »es ist ja niemand hier gewesen.«

Der Drache ließ es so gelten, und als die Frau ihm recht schön tat und ihn streichelte, wurde er viel zufriedener und war nicht mehr so wild und zornig. Nach einer Weile gingen sie zu Bett, und der Drache schnarchte bald und fiel in einen tiefen Schlaf. Schnell riss die Frau ihm nun eine goldene Feder aus und gab sie dem Holzhacker unter der Bettstelle. Da wachte aber der Drache auf und schrie zornig: »Wer hat ein Recht mich zu zupfen und zu rupfen!«

»Sei nur nicht böse«, rief die Frau im Schrecken. »Ich habe es im Schlaf getan. Mir träumte, ein alter Mann habe eine kranke Tochter. Was soll sie denn machen, damit sie wieder gesund wird?«

»Die muss die Hostie, die man unter ihrem Bett versteckt hat, wegschaffen, wenn sie noch gesund werden will«, antwortete der Drache und schlief wieder ein.

Nun riss sie ihm die zweite Feder aus und gab sie schnell dem lauschenden Holzhacker.

»Wer hat ein Recht mich zu zupfen und zu rupfen?«, schnaubte wieder zornig der Drache.

»Sei nur still«, sagte die Frau leise. »Ich habe einen Traum gehabt von einem Apfelbaum, der früher goldene Äpfel trug, jetzt aber trägt er keine mehr. Wenn ich doch wüsste, wie er wieder fruchtbar würde.«

»Die Schlange muss ausgegraben werden, die unter dem Baum liegt und die Wurzeln benagt«, murmelte der Drache schon halb schlafend.

Jetzt ging's aufs Letzte, und die Frau riss ihm auch die dritte Feder aus und machte es wie zuvor. Aber da war die Wut des Untieres aufs Höchste gestiegen:

»Wer rupft und zupft mich?«, schrie der Schreckliche und wollte aus dem Bett springen. Die Frau aber hielt ihn und bat: »Sei doch nicht böse, ich habe geträumt von einem alten Fischer, der immer die Leute über den Fluss führen muss und nie frei wird.«

»Er soll dem Ersten, der zu ihm kommt, dieses Geschäft übergeben und davonlaufen, der dumme Alte«, schnarchte der Drache, »jetzt aber lass mich in Ruh', sonst zerreiß ich dich!« Darauf schlief er wieder ein, und der Holzhacker schlich sich ganz sachte fort und sagte auf dem Heimweg jedem den Rat, den ihm der Drache gegeben, dem Fischer aber sagte er ihn erst, als er ausgestiegen war aus seinem durchlöcherten Fahrzeug. Alle gaben ihm Gold und Silber in Menge, denn sie waren voll Freude, dass ihnen geholfen worden war.

Am meisten aber freute sich daheim die Liese, als sie den lieben Holzhacker wiedersah. Sie konnte kein Auge von ihm abwenden und hielt ihn immer bei der Hand, bis der Vater kam und nun recht gerne ja sagte; weil der arme Nachbar jetzt viel reicher war als er selbst. Die jungen Brautleute luden alle Verwandten und Freunde zur Hochzeit. Da waren alle voll Fröhlichkeit, sie selbst aber die Fröhlichsten und Glücklichsten von allen.

Märchen aus Tirol

Der König Cardiddu
(Der König Stieglitz)

$\mathcal{E}$s war einmal ein armer Schuster, der hatte drei sehr schöne Töchter, die jüngste aber war die schönste. Er war aber sehr arm, obgleich er den ganzen Tag herumlief und Arbeit suchte, verdiente er doch sehr selten etwas. Wenn er nun abends mit leeren Händen nach Hause kam, fuhr ihn seine Frau mit harten Worten an und auch seine Töchter machten ihm Vorwürfe.

Eines Tages nun war er lange herumgewandert und hatte nichts verdient. Da kam er in einen Wald, weil er so müde war, setzte er sich auf einen großen Stein und sprach ganz trostlos: »Ach, weh mir!« Kaum hatte er das gesagt, so stand ein schöner Jüngling vor ihm, der fragte: »Warum hast du mich gerufen?« – »Ich habe Euch nicht gerufen, edler Herr«, antwortete der Schuster. »Doch! Wenn jemand sich auf diesen Stein setzt und ruft: ›Ach, weh mir!‹, dann muss ich immer erscheinen«, sprach der Jüngling. Da erzählte ihm der Schuster, wie schlecht es ihm ergehe, und der schöne Jüngling sprach zu ihm: »Komm mit mir, ich will dir etwas geben.« Da führte er ihn durch einen unterirdischen Gang in ein wunderschönes Schloss, das war aber auch unterirdisch, und gab ihm zu essen, so viel sein Herz begehrte. Dann füllte er ihm noch die Taschen mit Geld und sprach: »Kehre zu deiner Familie zurück, über acht Tage aber musst du mir deine jüngste Tochter herbringen. Ich kann sie jetzt zwar noch nicht heiraten, aber der Tag wird kommen, wo ich sie zu meiner Gemahlin machen kann.«

Der arme Schuster machte sich fröhlich auf den Weg, kaufte einiges ein für seine Familie und kehrte nach Hause zurück. Als er anklopfte, hörte er schon seine Frau und seine Töchter, die sagten: »Da kommt er gewiss wieder mit leeren Händen und wir verhungern fast.« Als er ihnen aber seine Schätze zeigte, wurden sie ganz freundlich, seine Töchter umarmten ihn und nannten ihn ihr liebes Väterchen. »So?«, sprach er, »jetzt bin ich euer liebes Väterchen!« Da erzählte er ihnen, wie es ihm ergangen sei, und sagte auch seiner jüngsten Tochter, dass er versprochen habe, sie dem Jüngling zu bringen. Die war es zufrieden und nach acht Tagen machte sie sich mit ihrem Vater auf den Weg. Als sie an den großen Stein kamen, setzte er sich darauf und rief: »Ach, weh mir!« Sogleich erschien der schöne Jüngling, führte sie beide in sein unterirdisches Schloss und bewirtete sie herrlich. Dann umarmte der Vater seine Tochter und ging nach Haus.

Nun hatte das Mädchen ein herrliches Leben. Der schöne Jüngling zeigte ihr alle Zimmer des Schlosses und sprach zu ihr: »Mit diesen Schätzen darfst du tun, was du willst, und wenn deine Schwestern dich besuchen, darfst du ihnen davon geben, so viel du willst.« Zuletzt aber zeigte er ihr ein verschlossenes kleines Zimmer und sprach: »Dieses Zimmer aber darfst du nie aufmachen. Hüte dich wohl, dich von deinen Schwestern dazu überreden zu lassen. Es wäre dein Unglück. Achte wohl auf das, was ich dir sage, denn ich bin nicht immer bei dir. Ich muss sehr oft auf zwei oder drei Tage fortgehen, ich kann dir aber nicht sagen wohin.« Der schöne Jüngling aber war ein König, der König Cardiddu, und war von einer alten Hexe in dieses unterirdische Schloss verbannt worden, weil er ihre Tochter nicht hatte heiraten wollen. Zu dieser alten Hexe musste er auch gehen, wenn er auf zwei oder drei Tage fortging. In dem Zimmer aber waren hilfreiche Feen, die nähten Kinderzeug für die Schusterstochter.

Nun begab es sich eines Tages, dass der König wieder auf einige Tage verreisen musste, und vor seiner Abreise schärfte er seiner Frau alle seine Warnungen noch einmal ein. Als er nun weg war, kamen die Schwestern der jungen Frau und wollten sie besuchen. Da bewirtete sie sie aufs Herrlichste, zeigte ihnen das ganze Schloss und beschenkte sie reichlich. Als sie aber vor der verschlossenen Tür vorbeikamen, sprach die eine Schwester: »Schließe doch diese Tür auf und lass uns sehen, was darinnen ist.« – »Nein«, antwortete sie, »in dieses Zimmer darf ich nicht hineingehen, mein Mann hat es mir verboten.« – »Ach was«, sagten die Schwestern, »dein Mann ist so viele Meilen weit, der merkt ja nichts davon.« Sie aber blieb standhaft und wollte nicht aufmachen. Da sagten die Schwestern: »Wenn wir erst einmal fort sind, wirst du ganz gewiss aufmachen.« Damit gingen sie fort, und nicht lange so kam der König nach Haus. »Sind deine Schwestern hier gewesen?«, fragte er »und hast du ihnen auch das Zimmer nicht aufgeschlossen?« – »Nein«, sprach sie, »ich habe Eurem Befehl gehorcht.« Sie hatte aber gar keine Ruhe mehr und dachte immer nur, wie sie ihre Neugierde befriedigen könnte. Als er nun schlief, nahm sie leise eine Kerze und beugte sich über ihn, um zu sehen, ob er schliefe. Dabei aber hielt sie die Kerze schief und ein Tropfen Wachs fiel herab, gerade auf des Königs Stirn. In demselben Augenblick aber befand sie sich auf dem großen Stein im Wald, der König stand neben ihr und sprach: »Siehst du, dass deine Neugierde dein Unglück gewesen ist? Ich kann dich nun nicht länger behalten, du musst in die weite Welt hinauswandern. Wenn du aber tust, was ich dir sage, wirst du vielleicht doch noch meine Gemahlin. Gehe immer geradeaus, so wirst du endlich an das Haus der alten Hexe kommen. Da setze dich hin, so wird sie dich rufen und dir sagen, du sollest heraufkommen. Nimm dich aber in Acht, sie will dich fressen. Gehe also nicht eher hinauf, als bis sie dir bei dem Namen des Königs Cardiddu schwört, dich nicht zu fressen. Dann gehe ruhig hinauf und lasse dich von ihr in den Dienst nehmen.« Als der König das gesagt hatte, verschwand er und die arme Frau blieb allein in dem finstern Wald.

Da fing sie an zu wandern, weinte bitterlich und als es Tag geworden war, kam sie richtig an das Haus der alten Hexe. Da setzte sie sich vor die Tür und schaute betrübt vor sich hin. Als die Hexe sie nun erblickte, dachte sie:»Das wäre ein schöner Braten für mich«, und rief ihr gar freundlich zu:»Schönes Mädchen, komm doch herauf zu mir.« Sie aber antwortete:»Ach nein, ich komme nicht, denn ihr wollt mich doch nur fressen.« –»Das fällt mir gar nicht ein«, sprach die Hexe,»komm nur.« –»So schwört mir bei dem Namen des Königs Cardiddu«, sprach die Frau,»dass ihr mich nicht fressen wollt.« Da schwur die Hexe bei dem Namen des Königs Cardiddu, die arme Frau ging hinauf und ließ sich als Magd dingen. Die Hexe aber konnte es nicht verwinden, dass sie sie nicht fressen durfte und trachtete immer, wie sie sie in eine Schlinge locken könnte.

Eines Tages also rief sie ihre neue Magd und sprach:»Ich muss in die Messe gehen, während ich dort bin, kehre das Haus und kehre es nicht.« Nun stand die arme Frau ratlos da und wusste gar nicht, wie sie diesen Befehl ausführen solle, und in ihrer Angst fing sie bitterlich an zu weinen. Auf einmal erschien der König Cardiddu und fragte sie, warum sie weine. Da klagte sie ihm ihr Leid.»So«, sagte er,»jetzt weißt du keinen Ausweg mehr? Rufe doch deine Schwestern, die geben dir ja sonst so gute Ratschläge, vielleicht können sie dir jetzt auch helfen.« Als er sie aber so weinen sah, sprach er:»Nun, weine nur nicht, ich will dir schon helfen. Kehre das ganze Haus recht säuberlich, dann aber nimm den Korb mit dem Kehricht und lass ihn die Treppe hinunterrollen.« Das tat sie, als die Hexe nach Hause kam, sah sie, dass ihr Befehl richtig ausgeführt worden war, und ergrimmte, aber sie konnte ihr nichts anhaben.

Den nächsten Morgen rief sie sie wieder und sprach:»Ich gehe in die Messe, zünde das Feuer an und zünde es nicht an.« Nun war die arme Frau wieder ratlos und fing an zu weinen.

Da kam der König Cardiddu wieder und sprach: »Weißt du dir schon wieder nicht zu helfen? Rufe doch deine Schwestern, die können dir gewiss raten.« – »Ach«, antwortete sie, »wenn Ihr mich nur zum Besten haben wollt, so lasst mich doch in Ruhe.« Da tat sie ihm leid und er sprach: »Nun, weine nur nicht. Lege das Holz zurecht, als ob du Feuer machen wolltest, stelle auch den Kessel darauf und die Zündhölzchen lege daneben, aber ohne es anzuzünden.« Das tat sie und als die Hexe kam, war der Auftrag wieder richtig ausgeführt. »Wenn ich nur wüsste, wer dir dabei hilft«, sagte sie. Die arme Frau aber meinte: »Wer sollte mir denn helfen, es kommt ja niemand her.«

Am dritten Morgen ging die Hexe wieder in die Messe und sprach: »Mache das Bette und mache es nicht.« Nun fing die arme Frau wieder an zu weinen, denn sie wusste keinen Rat. Da erschien aber der König Cardiddu und, ob er sie auch mit ihren Schwestern neckte, so half er ihr doch endlich, denn er hatte sie von Herzen lieb. »Weißt du, was du tun musst?«, sprach er. »Nimm die Betttücher und die Decken auf und falte sie, die Matratzen aber lass liegen.« Das tat sie und so war auch der dritte Auftrag richtig ausgeführt.

Die Hexe aber konnte sich doch nicht zufrieden geben und sann wieder etwas Neues aus. Sie nahm alle ihre weiße Wäsche, tauchte sie in Ochsenblut und machte ein schweres Bündel davon. Das gab sie der armen Frau und sprach: »Diese Wäsche musst du mir heute Abend gewaschen, gebleicht, gestopft, gebügelt und gefaltet wiederbringen, sonst fresse ich dich.« Da nahm die arme Frau das schwere Bündel, das sie kaum tragen konnte, und wanderte mühsam herum, um einen Bach zu suchen. Dabei strömten ihr die Tränen über die Wangen. Da erschien wieder der König Cardiddu und fragte sie, warum sie weine. »Ach«, antwortete sie, »da soll ich armes Weib bis heute Abend alle diese Wäsche waschen, bleichen, stopfen, bügeln und falten, sonst frisst mich die Hexe. Nicht einmal ein Stück Seife hat sie mir mitgegeben.« – »Können dir denn deine Schwestern nicht helfen?«, fragte der König. »Nun, weine nur nicht. Steige auf jenen Berg hinauf, dort sitzt der König der Vögel. Dem bringe deine Wäsche und sage ihm, der König Cardiddu hätte dich geschickt.« Da stieg sie mühsam den Berg hinauf, kam zum König der Vögel, dem brachte sie ihr Bündel, und sagte ihm, der König Cardiddu habe sie geschickt. Da tat der König der Vögel einen Pfiff, sogleich kamen von allen Seiten seine Feen herbei, die nahmen die Wäsche, und im Handumdrehen war sie gewaschen, gebleicht, gestopft, gebügelt und gefaltet. Die arme Frau aber legte sich hin und schlief bis zum Abend. Als sie nun der Hexe die Wäsche brachte, war diese sehr erstaunt und zornig, dass sie auch diesen Auftrag richtig ausgeführt hatte, und sann über eine neue Arbeit nach.

Da nahm sie alle ihre Matratzen, zeigte sie der armen Frau und sprach: »Bis heute Abend musst du alle diese Matratzen auftrennen, die Wolle waschen und trocknen, die Überzüge waschen, bügeln und die Matratzen gestopft wiederbringen, sonst fresse ich dich.« Da nahm die arme Frau eine Matratze nach der andern und trug sie mühsam auf das Feld hinaus, aber sie sah wohl, dass sie die Arbeit nie würde ausführen können. Da setzte sie sich hin und weinte, aber der treue König Cardiddu erschien auch gleich und sie klagte ihm ihr Leid. »Gehe wieder auf den Berg und sage dem König der Vögel, der König Cardiddu schicke dich«, sprach er. Sie konnte aber die schweren Matratzen nicht den Berg hinauftragen, da half er ihr, als sie zum König der Vögel kamen, pfiff dieser seinen Feen und die besorgten diese ganze Arbeit. Sie aber schlief ruhig bis zum Abend, dann brachte sie der Hexe die Matratzen wieder. Nun wusste die Hexe keinen Rat mehr und beschloss, sie zu ihrer Schwester zu schicken, die war eine noch schlimmere Hexe. Da gab sie ihr einen Brief und ein Kästchen, das sollte sie dieser Schwester bringen.

Die arme Frau ging betrübt ihren Weg und weinte, der König Cardiddu erschien aber auch gleich und fragte sie, warum sie denn schon wieder weine. Da klagte sie ihm ihr Leid. »Nun, weine nicht«, antwortete er, »merke nur auf das, was ich dir sage. Dieses Kästchen sollst du also der Hexe bringen, hüte dich aber es unterwegs aufzumachen. Erst wirst du an einen reißenden Strom kommen, darin wird Blut und Wasser fließen. Sprich du aber nur: Nein, wie schön ist dieser Strom, so wird er sich besänftigen und du kannst hindurch. Dann wirst du einen Esel und einen Hund sehen, der Esel hat im Maul den Knochen des Hundes und der Hund hält das Gras des Esels. Wenn sie dich nun nicht vorbeilassen wollen, so nimm dem Esel den Knochen aus dem Maul, gib ihn dem Hund und dem Esel gib das Gras. Dann wirst du an das Schloss der Hexe kommen, die Türe aber wird in einem fort sich auf und zu bewegen, dass du nicht durch kannst. Sprich aber nur: Nein, wie schön ist diese Tür, so wird sie stille stehen. Dann gehe die Treppe hinauf, gib den Brief und das Kästchen ab. Die Hexe wird dir sagen, du sollst warten, bis sie den Brief gelesen hat. Hüte dich aber es zu tun, denn in dem Brief steht, sie solle dich fressen, sondern entflieh so schnell du kannst, die Tür, der Esel, der Hund und der Strom werden dich durchlassen.«

Nun ging die arme Frau getröstet weiter, wie sie aber das Kästchen so anschaute, erwachte die Neugierde in ihr und sie dachte: »Es sieht ja kein Mensch, ob ich das Kästchen aufmache.« Kaum aber hatte sie den Deckel berührt, so fing das Kästchen an zu klingen und klang in einem fort. Da erschrak sie heftig, aber je mehr sie versuchte, es zum Stillstehn zu bringen, desto lauter klang das Kästchen. Da fing sie an bitterlich zu weinen und sogleich kam auch der König Cardiddu. »Habe ich dich nicht gewarnt?«, sagte er. »Warum bist du doch so unverständig? Wäre ich nicht glücklicherweise noch in der Nähe gewesen, so hätte ich dir nicht helfen können. Dies eine Mal will ich dir noch helfen, dann aber sei verständig.« Da brachte er die Musik zum Stillstehen, gab ihr das Kästchen zurück und sie setzte ihren Weg fort. Nicht lange, so kam sie an einen reißenden Strom, in dem floss Blut und Wasser. Da sprach sie:»Nein, wie schön ist dieser Strom!«, sogleich glättete sich das Wasser und sie konnte ohne Gefahr hindurchgehen. Bald aber sah sie einen Esel, der hielt einen Knochen im Maul, einen Hund, der hatte Gras im Maul, und beide stritten sich, also dass sie nicht durch konnte. Da nahm sie dem Esel den Knochen, gab ihn dem Hund, dem Esel gab sie das Gras und sogleich ließen die Tiere sie durch. Als sie nun an das Schloss der Hexe kam, musste sie durch eine Tür, die schlug immer auf und zu, also dass sie nicht durch konnte. Sie sprach aber: »Nein, wie schön ist diese Tür!« Die Tür blieb sogleich stille stehen und die arme Frau konnte durch. Da ging sie die Treppe hinauf und klopfte an, als die Hexe herauskam, gab sie ihr den Brief und das Kästchen.»Warte einen Augenblick«, sprach die Hexe,»bis ich den Brief gelesen habe«, ging in ein anderes Zimmer, sie aber sprang die Treppe hinunter und als sie an die Tür kam, sprach sie ihren Spruch, da konnte sie durch, und als sie zu den Tieren kam, gab sie jedem sein Futter, auch sie ließen sie durch, als sie zum Strom kam, sagte sie ihren Spruch und entkam glücklich.

Die Hexe aber, da sie ihre Flucht merkte, lief ihr nach und rief schon von weitem der Tür zu:»Oh Türe, lass sie nicht durch.« Die Tür aber antwortete:»Warum sollte ich sie nicht durchlassen? Sie hat mir gesagt, ich sei schön, du aber schimpfst mich immer.« Die Tür wollte für die Hexe nicht stille stehen, also dass sie sich durchdrücken musste, so gut sie konnte. Da rief sie auch den Tieren zu, sie sollten die Fliehende nicht durchlassen, aber die Tiere antworteten:»Warum sollten wir sie nicht durchlassen? Sie hat uns ja das Futter gewechselt, dass wir einige Augenblicke Ruhe gehabt haben, du aber hast es nie getan und dich wollen wir nicht durchlassen.« Da musste sie einen großen Umweg machen, um vorbei zu kommen. Sie rief dem Strome zu, er solle die Fliehende aufhalten. Der Strom aber antwortete: »Warum sollte ich sie aufhalten? Sie hat mir gesagt, ich sei schön, du aber schimpfst mich immer und dich will ich nicht durchlassen.« Da floss der Strom immer reißender und als sie dennoch durch wollte, musste sie jämmerlich ertrinken.

Als nun aber die arme Frau zu ihrer Herrin zurückkehrte, fand sie, dass große Vorbereitungen zu einem glänzenden Hochzeitsfest gemacht wurden, denn der König Cardiddu sollte nun doch die Tochter der Hexe heiraten. Da musste auch die arme Frau Hand anlegen und tat es mit schwerem Herzen, denn sie hatte den König sehr lieb. Als es aber Abend war, sprach der König zur Hexe: »Lasset die Magd mit zwei brennenden Kerzen am Fußende des Bettes knien.« Die arme Frau musste mit zwei brennenden Kerzen am Fußende des Bettes knien, während die Tochter der Hexe im Bett lag. Die alte Hexe aber wollte um Mitternacht durch ihre Zauberkünste das Stück Boden, auf welchem sie kniete, einfallen lassen, also dass sie sterben müsste. Das wusste aber der König Cardiddu, nach einer Weile sprach er zu seiner Frau: »Höre, das arme Weib dauert mich, noch dazu in diesem Zustand. Nimm ein Weilchen die Kerzen und lass sie ein wenig sitzen.« Da musste die Tochter der Hexe aufstehen und am Fußende des Bettes niederknien, die rechte Frau aber setzte sich am Kopfende des Bettes auf einen Stuhl. Da flüsterte der König ihr zu: »Komm und lege dich ganz leise ins Bett.« Da rückte sie immer näher, bis sie im Bette lag. Als es aber Mitternacht schlug, da gab es einen gewaltigen Lärm, der Boden sank ein und die Tochter der Hexe fiel in den Keller hinunter. Da standen der König und seine Frau leise auf und entflohen.

Als es nun kaum Tag war, wollte die Hexe nach ihrer Tochter sehen, aber da sie ins Zimmer trat, war niemand darin. Da lief sie ganz erschrocken in den Keller, und als sie erkannte, dass ihre eigene Tochter sich tot gefallen hatte, fing sie an laut zu schreien und schwur, sich zu rächen. Da verfolgte sie die beiden Fliehenden und nicht lange, so hatte sie sie beinahe eingeholt. Als der König sie nun kommen sah, sprach er: »Werde du zum Gemüsegarten und ich zum Gärtner darin.« Da wurde die Frau zum Gemüsegarten und der König war der Gärtner darin. Nicht lange so kam die Hexe am Garten an und fragte den Gärtner: »Sagt mir, guter Mann, habt Ihr vielleicht einen Mann und eine Frau gesehen, die hier vorbeiliefen?« – »Was«, antwortete der Gärtner, »junge Erbsen wollt Ihr? Die sind noch nicht reif.« – »Ach nein«, sprach sie, »ich frage Euch, ob Ihr einen Mann und eine Frau habt vorbeilaufen sehen?« – »Wie könnt Ihr nach Rüben fragen«, antwortete er, »die sind ja gar nicht an der Zeit!« So antwortete er ihr auf jede Frage, bis die Hexe ungeduldig wurde und davonlief.

Da nahmen die beiden ihre menschliche Gestalt wieder an und flohen weiter. Die alte Hexe aber hatte sie bald erspäht und setzte ihnen nach. »Werde du zur Kirche und ich zum Sakristan darin«, sprach der König, alsobald wurde die Frau zur Kirche und er zum Sakristan. Als nun die Hexe vorbeikam, fragt sie ihn: »Habt Ihr vielleicht einen Mann und eine Frau gesehen, die hier vorbeiliefen?« – »Die Messe fängt erst in einer Stunde an«, antwortete der Sakristan, »der Pater ist noch nicht gekommen.« Und so viel sie ihn auch fragen mochte, er gab keine andere Antwort. Da wurde die Hexe ungeduldig und lief fort, die beiden aber nahmen ihre menschliche Gestalt wieder an und wanderten weiter.

Es dauerte aber nicht lange, da hatte die Hexe sie wieder erspäht und setzte ihnen nach. »Werde du zum Aal«, rief der König »und ich zum Teich, in dem du herumschwimmst«, sogleich wurde der König zum Teich und seine Frau zum Aal. Als nun die alte Hexe herbeikam, wollte sie den Aal fangen, aber so oft sie ihn auch in Händen hatte, der Aal entschlüpfte ihr immer wieder. Da merkte sie, dass sie auf diese Weise der beiden nicht habhaft werden konnte und ging wieder nach

Haus, indem sie sprach:»Wartet nur, ich will mich schon noch rächen!« Da setzte sie sich an ihr Fenster, steckte die gefalteten Hände zwischen die Knie und sprach:»Nicht eher soll die Frau des Königs Cardiddu eines Kindes genesen, bis ich die Hände aus dieser Lage genommen habe.«

Der König aber und seine Frau wanderten weiter, bis sie an das königliche Schloss kamen. Kaum aber waren sie dort, so war die Stunde der Frau herbeigekommen und sie konnte doch das Kind nicht zur Welt bringen, so lange die alte Hexe den Zauber auf ihr ließ. Da rief der König einen treuen Diener und schickte ihn in alle Kirchen der Stadt herum, mit dem Befehl an die Küster, sie sollten die Totenglocken läuten. Dann musste der Diener sich vor dem Hause der Hexe aufstellen. Als sie ihn nun da stehen sah, fragte sie ihn:»Was bedeutet denn das Läuten der Totenglocken in allen Kirchen?« Er antwortete:»Der König Cardiddu ist gestorben.« Da vergaß sie sich in ihrem Jubel und klatschte vor Freuden in die Hände, sogleich gebar die Frau des Königs einen schönen Knaben. Da musste der Diener wieder in alle Kirchen laufen und überall befehlen, mit allen Glocken Gloria zu läuten. Als er sich nun wieder vor das Haus der alten Hexe aufstellte, fragte sie ihn:»Warum wird denn Gloria geläutet?« Er antwortete:»Die Frau des Königs hat einen wunderschönen Knaben bekommen.« Da merkte sie den Betrug und in ihrem Zorn rannte sie mit dem Kopf gegen die Mauer, dass sie tot hinfiel. Da feierte der König ein schönes Hochzeitsfest, und es war große Freude im Schloss. Die junge Königin aber ließ ihre Eltern und Schwestern auch an den Hof kommen, und sie lebten alle glücklich und zufrieden, wir aber gehen leer aus.

Sizilianisches Märchen

Das Nusszweiglein

*E*s war einmal ein reicher Kaufmann, der musste in seinen Geschäften in fremde Länder reisen. Da er nun Abschied nahm, sprach er zu seinen drei Töchtern:»Liebe Töchter, ich möchte euch gerne bei meiner Rückkehr eine Freude bereiten, sagt mir daher, was ich euch mitbringen soll?« Die Älteste sprach:»Lieber Vater, mir eine schöne Perlenhalskette!« Die andere sprach:»Ich wünschte mir einen Fingerring mit einem Diamantstein.« Die Jüngste schmiegte sich an des Vaters Herz und flüsterte:»Mir ein schönes, grünes Nusszweiglein, Väterchen.« – »Gut, meine lieben Töchter!«, sprach der Kaufmann, »ich will mir's aufmerken und dann lebet wohl.«

Weit fort reiste der Kaufmann und machte große Einkäufe, gedachte aber auch treulich der Wünsche seiner Töchter. Eine kostbare Perlenhalskette hatte er bereits in seinen Reisekoffer gepackt, um seine Älteste damit zu erfreuen, und einen gleich wertvollen Diamantring hatte er für die mittlere Tochter eingekauft. Einen grünen Nusszweig aber konnte er nirgends gewahren, wie er sich auch darum bemühte. Auf der Heimreise ging er deshalb große Strecken zu Fuß, und hoffte, da sein Weg ihn vielfach durch Wälder führte, endlich einen Nussbaum anzutreffen; doch dies war lange vergeblich, und der gute Vater fing an, betrübt zu werden, dass er die harmlose Bitte seines jüngsten und liebsten Kindes nicht zu erfüllen vermochte.

Endlich, als er so betrübt seines Weges dahinzog, der ihn just durch einen dunkeln Wald und an dichtem Gebüsch vorüberführte, stieß er mit seinem Hut an einen Zweig, und es raschelte, als fielen Schlossen[4] darauf; wie er aufsah, war's ein

---

4 dicke schwere Regentropfen

schöner, grüner Nusszweig, daran eine Traube goldner Nüsse hing. Da war der Mann sehr erfreut, langte mit der Hand empor und brach den herrlichen Zweig ab. Aber in demselben Augenblicke schoss ein wilder Bär aus dem Dickicht und stellte sich grimmig brummend auf die Hintertatzen, als wollte er den Kaufmann gleich zerreißen. Und mit furchtbarer Stimme brüllte er: »Warum hast du meinen Nusszweig abgebrochen, du? Warum? Ich werde dich auffressen.« Bebend vor Schreck und zitternd sprach der Kaufmann: »Oh lieber Bär, friss mich nicht, und lass mich mit dem Nusszweiglein meines Weges ziehen, ich will dir auch einen großen Schinken und viele Würste dafür geben!« Aber der Bär brüllte wieder: »Behalte deinen Schinken und deine Würste! Nur wenn du mir versprichst, mir dasjenige zu geben, was dir zu Hause als Erstes begegnet, so will ich dich nicht fressen.« Dies ging der Kaufmann gerne ein, denn er gedachte, wie sein Pudel gewöhnlich ihm entgegenlaufe, und diesen wollte er, um sich das Leben zu retten, gerne opfern. Nach derbem Handschlag tappte der Bär ruhig ins Dickicht zurück, und der Kaufmann schritt aufatmend, rasch und fröhlich von dannen.

Der goldene Nusszweig prangte herrlich am Hut des Kaufmanns, als er seiner Heimat zueilte. Freudig hüpfte das jüngste Mägdlein ihrem lieben Vater entgegen, mit tollen Sprüngen kam der Pudel hinterdrein, und die ältesten Töchter und die Mutter schritten etwas weniger schnell aus der Haustüre, um den Ankommenden zu begrüßen. Wie erschrak nun der Kaufmann, als seine jüngste Tochter die Erste war, die ihm entgegenflog! Bekümmert und betrübt entzog er sich der Umarmung des glücklichen Kindes und teilte nach den ersten Grüßen den Seinigen mit, was ihm mit dem Nusszweig widerfahren. Da weinten nun alle und wurden betrübt, doch zeigte die jüngste Tochter den meisten Mut und nahm sich vor, des Vaters Versprechen zu erfüllen. Auch ersann die Mutter bald einen guten Rat und sprach: »Ängstigen wir uns nicht, meine Lieben, sollte ja der Bär kommen und dich, mein lieber Mann, an dein Versprechen erinnern, so geben wir ihm, anstatt unsrer Jüngsten die Hirtentochter, mit dieser wird er auch zufrieden sein.« Dieser Vorschlag galt, und die Töchter waren wieder fröhlich und freuten sich recht über diese schönen Geschenke. Die Jüngste trug ihren Nusszweig immer bei sich; sie gedachte bald gar nicht mehr an den Bären und an das Versprechen ihres Vaters.

Aber eines Tages rasselte ein dunkler Wagen durch die Straße vor das Haus des Kaufmanns, und der hässliche Bär stieg heraus und trat brummend in das Haus und vor den erschrockenen Mann, die Erfüllung seines Versprechens begehrend. Schnell und heimlich wurde die Hirtentochter, die sehr hässlich war, herbeigeholt, schön geputzt und in den Wagen des Bären gesetzt. Und die Reise ging fort. Draußen legte der Bär sein wildes zotteliches Haupt auf den Schoß der Hirtin und brummte:

> »Graue mich, grabble mich,
> hinter den Ohren zart und fein,
> oder ich fress dich mit Haut und Bein!«

Und das Mädchen fing an zu grabbeln; aber sie machte es dem Bären nicht recht, und er merkte, dass er betrogen wurde. Da wollte er die geputzte Hirtin fressen, doch diese sprang rasch in ihrer Todesangst aus dem Wagen.

Darauf fuhr der Bär abermals vor das Haus des Kaufmanns und forderte furchtbar drohend die rechte Braut. So musste denn das liebliche Mägdlein herbei, um nach schwerem, bitterm Abschied mit dem hässlichen Bräutigam fortzufahren. Draußen brummte er wieder, seinen rauen Kopf auf des Mädchens Schoß legend:

> »Graue mich, grabble mich,
> hinter den Ohren zart und fein,
> oder ich fress dich mit Haut und Bein!«

Und das Mädchen grabbelte, und so sanft, dass es ihm behagte und dass sein furchtbarer Bärenblick freundlich wurde, so dass allmählich die arme Bärenbraut einiges Vertrauen zu ihm gewann. Die Reise dauerte nicht gar lange, denn der Wagen fuhr ungeheuer schnell, als brause ein Sturmwind durch die Luft. Bald kamen sie in einen sehr dunkeln Wald, und dort hielt plötzlich der Wagen vor einer finster gähnenden Höhle. Diese war die Wohnung des Bären. Oh, wie zitterte das Mädchen! Und zumal da der Bär sie mit seinen furchtbaren Klauenarmen umschlang und zu ihr freundlich brummend sprach: »Hier sollst du wohnen, Bräutchen, und glücklich sein, so du drinnen dich brav benimmst, dass mein wildes Getier dich nicht zerreißt.« Und er schloss, als beide in der dunkeln Höhle einige Schritte getan, eine eiserne Türe auf und trat mit der Braut in ein Zimmer, das voll von giftigem Gewürm angefüllt war, welches ihnen gierig entgegenzüngelte. Und der Bär brummte seinem Bräutchen ins Ohr:

> »Seh dich nicht um!
> Nicht rechts, nicht links;
> gerade zu, so hast du Ruh!«

Da ging auch das Mädchen, ohne sich umzublicken, durch das Zimmer und es regte und bewegte sich so lange kein Wurm. Und so ging es noch durch zehn Zimmer, und das letzte war von den scheußlichsten Kreaturen angefüllt, Drachen und Schlangen, giftgeschwollenen Kröten, Basilisken und Lindwürmern. Und der Bär brummte in jedem Zimmer:

> »Seh dich nicht um!
> Nicht rechts, nicht links;
> gerade zu, so hast du Ruh!«

Das Mädchen zitterte und bebte vor Angst und Bangigkeit wie ein Espenlaub, doch blieb sie standhaft, sah sich nicht um, nicht rechts, nicht links. Als sich aber das zwölfte Zimmer öffnete, strahlte beiden ein glänzender Lichtschimmer entgegen, es erschallte drinnen eine liebliche Musik und es jauchzte überall wie Freudengeschrei, wie Jubel. Ehe sich die Braut nur ein wenig besinnen konnte, noch zitternd vom Schauen des Entsetzlichen, tat es einen furchtbaren Donnerschlag, also dass sie dachte, es breche Erde und Himmel zusammen. Aber bald ward es wieder ruhig. Der Wald, die Höhle, die Gifttiere, der Bär – waren verschwunden; ein prächtiges Schloss mit goldgeschmückten Zimmern und schön gekleideter Dienerschaft stand dafür da, und der Bär war ein schöner junger Mann geworden, war der Fürst des herrlichen Schlosses, der nun sein liebes Bräutchen an das Herz drückte und ihr tausendmal dankte, dass sie ihn und seine Diener, das Getier, so liebreich aus seiner Verzauberung erlöset.

Die nun so hohe, reiche Fürstin trug aber noch immer ihren schönen Nusszweig am Busen, der die Eigenschaft hatte, nie zu verwelken, und trug ihn jetzt nur noch umso lieber, da er der Schlüssel ihres holden Glückes geworden. Bald wurden ihre Eltern und ihre Geschwister von diesem freundlichen Geschick benachrichtigt und wurden für immer, zu einem herrlichen Wohlleben, von dem Bärenfürsten auf das Schloss genommen.

Märchen aus Thüringen

Das Waldhaus

$\mathcal{E}$in armer Holzhauer lebte mit seiner Frau und drei Töchtern in einer kleinen Hütte an dem Rande eines einsamen Waldes. Eines Morgens, als er wieder an seine Arbeit wollte, sagte er zu seiner Frau: »Lass mir mein Mittagsbrot von dem ältesten Mädchen hinaus in den Wald bringen, ich werde sonst nicht fertig. Und damit es sich nicht verirrt«, setzte er hinzu, »so will ich einen Beutel mit Hirse mitnehmen und die Körner auf den Weg streuen.« Als nun die Sonne mitten über dem Walde stand, machte sich das Mädchen mit einem Topf voll Suppe auf den Weg. Aber die Feld- und Waldsperlinge, die Lerchen und Finken, Amseln und Zeisige hatten den Hirse schon längst aufgepickt, und das Mädchen konnte die Spur nicht finden. Da ging es auf gut Glück immer fort, bis die Sonne sank und die Nacht einbrach.

Die Bäume rauschten in der Dunkelheit, die Eulen schnarrten, und es fing an, ihm angst zu werden. Da erblickte es in der Ferne ein Licht, das zwischen den Bäumen blinkte. »Dort sollten wohl Leute wohnen«, dachte es, »die mich über Nacht behalten«, und ging auf das Licht zu. Nicht lange, so kam es an ein Haus, dessen Fenster erleuchtet waren. Es klopfte an, und eine raue Stimme rief von innen: »Herein.«

Das Mädchen trat auf die dunkle Diele und pochte an der Stubentür. »Nur herein«, rief die Stimme, und als es öffnete, saß da ein alter, eisgrauer Mann an dem Tisch, hatte das Gesicht auf die beiden Hände gestützt, und sein weißer Bart floss über den Tisch herab fast bis auf die Erde. Am Ofen aber lagen drei Tiere, ein Hühnchen, ein Hähnchen und eine buntgescheckte Kuh. Das Mädchen erzählte

dem Alten sein Schicksal und bat um ein Nachtlager. Der
Mann sprach:

»Schön Hühnchen,
schön Hähnchen,
und du, schöne bunte Kuh,
was sagst du dazu?«

»Duks!«, antworteten die Tiere, und das musste wohl heißen:
»Wir sind es zufrieden«, denn der Alte sprach weiter: »Hier
ist Hülle und Fülle, geh hinaus an den Herd und koch uns ein
Abendessen.«

Das Mädchen fand in der Küche Überfluss an allem und
kochte eine gute Speise, aber an die Tiere dachte es nicht. Es
trug die volle Schüssel auf den Tisch, setzte sich zu dem grau-
en Mann, aß und stillte seinen Hunger. Als es satt war, sprach
es: »Aber jetzt bin ich müde, wo ist ein Bett, in das ich mich
legen und schlafen kann?« Die Tiere antworteten:

»Du hast mit ihm gegessen,
du hast mit ihm getrunken,
du hast an uns gar nicht gedacht,
nun sieh auch, wo du bleibst die Nacht.«

Da sprach der Alte: »Steig nur die Treppe hinauf, so wirst
du eine Kammer mit zwei Betten finden, schüttle sie auf und
decke sie mit weißem Linnen, so will ich auch kommen und
mich schlafen legen.« Das Mädchen stieg hinauf, und als es
die Betten geschüttelt und frisch gedeckt hatte, legte es sich
in das eine, ohne weiter auf den Alten zu warten. Nach einiger
Zeit aber kam der graue Mann, beleuchtete das Mädchen mit
dem Licht und schüttelte mit dem Kopf. Und als er sah, dass
es fest eingeschlafen war, öffnete er eine Falltüre und ließ es
in den Keller sinken.

Der Holzhauer kam am späten Abend nach Haus und machte seiner Frau Vorwürfe, dass sie ihn den ganzen Tag habe hungern lassen. »Ich habe keine Schuld«, antwortete sie, »das Mädchen ist mit dem Mittagessen hinausgegangen, es muss sich verirrt haben. Morgen wird es schon wiederkommen.«

Vor Tag aber stand der Holzhauer auf, wollte in den Wald und verlangte, die zweite Tochter sollte ihm diesmal das Essen bringen. »Ich will einen Beutel mit Linsen mitnehmen«, sagte er, »die Körner sind größer als Hirse, das Mädchen wird sie besser sehen und kann den Weg nicht verfehlen.« Zur Mittagszeit trug auch das Mädchen die Speise hinaus, aber die Linsen waren verschwunden: Die Waldvögel hatten sie, wie am vorigen Tag, aufgepickt und keine übrig gelassen.

Das Mädchen irrte im Walde umher bis es Nacht ward, da kam es ebenfalls zu dem Haus des Alten, ward hereingerufen und bat um Speise und Nachtlager. Der Mann mit dem weißen Bart fragte wieder die Tiere:

»Schön Hühnchen,
schön Hähnchen,
und du, schöne bunte Kuh,
was sagst du dazu?«

Die Tiere antworteten abermals: »Duks«, und es geschah alles wie am vorigen Tag. Das Mädchen kochte eine gute Speise, aß und trank mit dem Alten und kümmerte sich nicht um die Tiere. Und als es sich nach seinem Nachtlager erkundigte, antworteten sie:

»Du hast mit ihm gegessen,
du hast mit ihm getrunken,
du hast an uns gar nicht gedacht,
nun sieh auch, wo du bleibst die Nacht.«

Als es eingeschlafen war, kam der Alte, betrachtete es mit Kopfschütteln und ließ es in den Keller hinab.

Am dritten Morgen sprach der Holzhacker zu seiner Frau: »Schicke mir heute unser jüngstes Kind mit dem Essen hinaus, das ist immer gut und gehorsam gewesen, das wird auf dem rechten Weg bleiben und nicht wie seine Schwestern, die wilden Hummeln, herumschwärmen.« Die Mutter wollte nicht und sprach: »Soll ich mein liebstes Kind auch noch verlieren?«

»Sei ohne Sorge«, antwortete er, »das Mädchen verirrt sich nicht, es ist zu klug und verständig; zum Überfluss will ich Erbsen mitnehmen und ausstreuen, die sind noch größer als Linsen und werden ihm den Weg zeigen.« Aber als das Mädchen mit dem Korb am Arm hinauskam, so hatten die Waldtauben die Erbsen schon im Kropf, und es wusste nicht, wohin es sich wenden sollte.

Es war voll Sorgen und dachte beständig daran, wie der arme Vater hungern und die gute Mutter jammern würde, wenn es ausbliebe. Endlich, als es finster ward, erblickte es das Lichtchen und kam an das Waldhaus. Es bat ganz freundlich, sie möchten es über Nacht beherbergen, und der Mann mit dem weißen Bart fragte wieder seine Tiere:

> »Schön Hühnchen,
> schön Hähnchen,
> und du, schöne bunte Kuh,
> was sagst du dazu?«

»Duks«, sagten sie. Da trat das Mädchen an den Ofen, wo die Tiere lagen, und liebkoste Hühnchen und Hähnchen, indem es mit der Hand über die glatten Federn hinstrich, und die bunte Kuh kraulte es zwischen den Hörnern. Und als es auf Geheiß des Alten eine gute Suppe bereitet hatte und die Schüssel auf dem Tisch stand, so sprach es: »Soll ich mich sättigen, und die

guten Tiere sollen nichts haben? Draußen ist die Hülle und
Fülle, erst will ich für sie sorgen.« Da ging es, holte Gerste und
streute sie dem Hühnchen und Hähnchen vor und brachte der
Kuh wohlriechendes Heu, einen ganzen Arm voll. »Lasst's
euch schmecken, ihr lieben Tiere«, sagte es, »und wenn ihr
durstig seid, sollt ihr auch einen frischen Trunk haben.« Dann
trug es einen Eimer voll Wasser herein, und Hühnchen und
Hähnchen sprangen auf den Rand, steckten den Schnabel hinein und hielten den Kopf dann in die Höhe, wie die Vögel
trinken, und die bunte Kuh tat auch einen herzhaften Zug.

Als die Tiere gefüttert waren, setzte sich das Mädchen zu
dem Alten an den Tisch und aß, was er ihm übrig gelassen
hatte. Nicht lange, so fingen Hühnchen und Hähnchen an,
das Köpfchen zwischen die Flügel zu stecken, und die bunte
Kuh blinzelte mit den Augen. Da sprach das Mädchen: »Sollen wir uns nicht zur Ruhe begeben?

Schön Hühnchen,
schön Hähnchen,
und du, schöne bunte Kuh,
was sagst du dazu?«

Die Tiere antworteten:

»Duks,
du hast mit uns gegessen,
du hast mit uns getrunken,
du hast uns alle wohl bedacht,
wir wünschen dir eine gute Nacht.«

Da ging das Mädchen die Treppe hinauf, schüttelte die Feder-
kissen und deckte frisches Linnen auf, und als es fertig war,
kam der Alte und legte sich in das eine Bett, und sein weißer
Bart reichte ihm bis an die Füße. Das Mädchen legte sich in

das andere, tat sein Gebet und schlief ein. Es schlief ruhig bis Mitternacht, da ward es so unruhig in dem Hause, dass das Mädchen erwachte. Da fing es an, in den Ecken zu knittern und zu knattern, und die Türe sprang auf und schlug an die Wand. Die Balken dröhnten, als wenn sie aus ihren Fugen gerissen würden, und es war, als wenn die Treppe herabstürzte, und endlich krachte es, als wenn das ganze Dach zusammenfiele. Da es aber wieder still ward und dem Mädchen nichts zuleid geschah, so blieb es ruhig liegen und schlief wieder ein. Als es aber am Morgen bei hellem Sonnenschein aufwachte, was erblickten seine Augen? Es lag in einem großen Saal, und ringsumher glänzte alles in königlicher Pracht: An den Wänden wuchsen auf grünseidenem Grund goldene Blumen in die Höhe, das Bett war von Elfenbein und die Decke darauf von rotem Samt, und auf einem Stuhl daneben stand ein Paar mit Perlen gestickte Pantoffeln.

Das Mädchen glaubte, es wäre ein Traum, aber es traten drei reich gekleidete Diener herein und fragten, was es zu befehlen hätte. »Geht nur«, antwortete das Mädchen, »ich will gleich aufstehen und dem Alten eine Suppe kochen und dann auch schön Hühnchen, schön Hähnchen und die schöne bunte Kuh füttern.« Es dachte, der Alte wäre schon aufgestanden, und sah sich nach seinem Bett um, aber er lag nicht darin, sondern ein fremder Mann. Und als es ihn betrachtete und sah, dass er jung und schön war, erwachte er, richtete sich auf und sprach: »Ich bin ein Königssohn und war von einer bösen Hexe verwünscht worden, als ein alter, eisgrauer Mann in dem Wald zu leben; niemand durfte um mich sein als meine drei Diener in der Gestalt eines Hühnchens, eines Hähnchens und einer bunten Kuh. Und nicht eher sollte die Verwünschung aufhören, als bis ein Mädchen zu uns käme, so gut von Herzen, dass es nicht gegen die Menschen allein, sondern auch gegen die Tiere sich liebreich bezeigte, und das bist du gewesen, und heute um Mitternacht sind wir durch dich erlöst und das alte

Waldhaus ist wieder in meinen königlichen Palast verwandelt worden.«

Und als sie aufgestanden waren, sagte der Königssohn den drei Dienern, sie sollten hinfahren und Vater und Mutter des Mädchens zur Hochzeitsfeier herbeiholen. »Aber wo sind meine zwei Schwestern?«, fragte das Mädchen. »Die habe ich in den Keller gesperrt, und morgen sollen sie in den Wald geführt werden und sollen bei einem Köhler so lange als Mägde dienen, bis sie sich gebessert haben und auch die armen Tiere nicht hungern lassen.«

Märchen der Brüder Grimm

Die goldene Ampel

$\mathcal{E}$in Müller hatte drei Töchter. Die beiden älteren waren stolz und böse, die jüngste aber gut und lieb. Als der Müller eines Tages im Winter auf den Markt ging, haben die beiden Älteren ihn ersucht, für sie ein schönes neues Kleid zu bringen, die Jüngste aber hat ihn gebeten, ihr einen Strauß Rosen zu bringen.

Der Vater ist auf den Markt gegangen und hat die Kleider gekauft, einen frischen Strauß Rosen hat er aber nicht bekommen, denn es war ja mitten im strengsten Winter. Auf dem Heimweg ist er zu einem Schloss gekommen. Die Tore des Schlosses sind ganz von selbst aufgegangen. Er ist hineingegangen, und da haben sich die Tore geschlossen. Im Innern herrschte überall Todesstille; es schien, das Schloss sei unbewohnt. Als er eine Treppe hinaufstieg, ist er in eine Küche gekommen, wo ein großes Feuer brannte. Auf dem Herd saß eine große Katze, die Kaffee mahlte und ihn nicht gerade freundlich anschaute. Nachdem sie den Kaffee zubereitet hatte, hat die Katze zu miauen begonnen, worauf eine ganze Schar Katzen herbeigesprungen kam. Der Müller hat sich auch zu ihnen setzen müssen. Der Kaffee wurde in feinen Tassen vorgesetzt, und zum Kaffee wurden feine Sachen aufgetischt.

Nach dem Nachtessen hat die große Katze den Mann in ein sehr schönes Zimmer geführt, wo er die ganze Nacht ruhig geschlafen hat.

Am Morgen ist er in den Garten hinausgegangen, und dort war ein schöner Rosenbaum mitten im Schnee neben dem Brunnen. Zuoberst auf dem Rosenbaum war eine Rose. Ganz glücklich, dass er nun seiner Tochter den gewünschten Strauß bringen könne, bricht er die Rose, hört aber im gleichen Augenblick eine Stimme, die sagt: »Lass das!« Und eine schreckliche Schlange kriecht aus dem Brunnen, wendet sich ihm zu und sagt: »Da du mir die Rose geraubt hast, musst du mir deine Tochter geben, sonst musst du sterben!«

Ganz traurig ist der Müller nach Hause gekommen. Indem er der Tochter die Rose übergab, hat er ihr gesagt:

»Liebe Tochter, das ist eine teure Rose gewesen; ich habe dafür dich einer schrecklichen Schlange versprechen müssen; lieber aber will ich sterben, als mein Versprechen nicht halten!« Die beiden älteren Töchter schalten die jüngste und sagten, es geschehe ihr ganz recht, wenn sie bestraft werde, da sie immer etwas Ausgefallenes wünschen müsse. Hätte sie, wie sie, ein Kleid gewünscht, so hätte sie dem Vater die Trauer erspart. Die jüngste Tochter tröstete den Vater und sagte, sie gehe gerne ins Schloss, die hässliche Schlange werde ihr bestimmt nichts Böses antun.

So ist sie hingegangen und ist im Schloss von den Katzen sehr freundlich empfangen worden, die sie nach dem Abendbrot in ein wundervolles Zimmer geführt haben. Nachts hat sie gehört, dass sich etwas ihrem Bett näherte, aber sie hat nicht gewagt, Licht zu machen, um nachzuschauen, wer es sei. So ist es auch in der zweiten Nacht gegangen. In der dritten Nacht hat sie Licht gemacht, da war ein schöner Jüngling neben ihr. Es war ein Prinz, den eine böse Hexe in eine Schlange verwandelt hatte. Nun war er erlöst. Aber das Mädchen hatte, als es das Licht entzündete, einige Tropfen Fett auf das Haupt des Prinzen fallen lassen, und dadurch war die Macht der Hexe nicht gänzlich weggenommen.

Der Prinz hat das Mädchen zur Braut gewählt und hat dann gesagt, nun müsse er aber durch die Welt reisen, und ehe sie nicht ein Paar eiserne Schuhe ausgetragen habe, werde sie ihn nicht zu sehen bekommen. Er ist verschwunden, und an Stelle des Schlosses fand sich nichts außer einem Dornbusch und einem Paar eiserner Schuhe.

Das Mädchen hat diese angezogen, und während es traurig weiterging, begegnet es einer alten Frau, welche wissen wollte, warum es eiserne Schuhe trage, und hat ihr den Rat gegeben, mit den Schuhen in einen warmen Kuhfladen zu treten, dann würden sie schnell kaputt sein. Das Mädchen hat es so gemacht, und in einigen Monaten hat sie die Schuhe auf diese Weise zugrunde gerichtet.

Als sie in eine Stadt kam, ist sie in den Palast des Königs gegangen und hat gebeten, man möge sie übernachten lassen. Die Königin, die eine sehr gute Frau war, hat das erlaubt. Doch in jener Nacht hat das Mädchen ein Knäblein geboren, und in dem Augenblick hat sich eine Stimme vernehmen lassen mit den Worten:

»Die goldene Ampel und der silberne Stab! Wenn deine Großmutter das wüsste, in goldene Windeln würde sie dich wickeln. Wenn die Hähne nicht krähten und die Glocken nicht läuteten, ich würde bis zum Tagesanbruch bleiben!«

Am folgenden Abend hat die Königin zwei Dienerinnen befohlen, bei der jungen Mutter und dem Kind zu wachen. Um Mitternacht haben sie die Stimme und die gleichen Worte gehört. Und da die Königin sehr neugierig war, wer das sein könnte, hat sie alle Hähne der Stadt töten und alle Glocken festbinden lassen und hat selber gewacht, und als die Stimme gesagt hat: »Wenn die Hähne nicht krähten und die Glocken nicht läuteten, bliebe ich bis zum Tagesanbruch!«, hat sie gesagt: »Die Hähne krähen nicht, und die Glocken läuten nicht, so bleib bis zum Morgengrauen!« – und herein kommt ihr eigener Sohn. Er war jener, der in eine Schlange verzaubert gewesen und durch das Mädchen erlöst worden war, das er nun heiratete.

Märchen aus Graubünden

Der Feigensack

*E*inst ließ ein König im ganzen Lande austrompeten: Wenn ihm einer an Weihnachten grüne Feigen bringe, gebe er ihm seine Tochter zur Frau. Das machte manchem Burschen ein wässriges Maul; eine reiche und schöne Prinzessin gewinnt man nicht an jedem Grünhag[5].

Da war auch ein munterer Knabe, den die Lust ankam, Tochtermann des Königs zu werden. Aber die grünen Feigen? – Die schaute er zu bekommen: Sein Bruder war nämlich ein Waldbruder weit hinten in der Einöde, der mit Beten und Finkenflicken den Himmel verdienen wollte, nebenbei aber ein geschickter Gärtner war und allerlei bekannte und unbekannte Kräuter und Gemüse zog. Zu dem ging der Knabe und bekam einen Sack voll Feigen. Damit zog er zum Königsschloss.

Der Weg führte durch einen großen Wald. Da begegnete ihm unverhofft ein Erdmännlein und fragte, was er da im Säcklein habe. Der Junge dachte, das gehe diesen Knirps nichts an, und gab zur Antwort: »Rossäpfel.« »Nu, nu«, sagte das Erdmännlein, »so sollst du sie haben!« und war plötzlich wieder verschwunden. Der Knabe achtete nicht darauf, er hatte seinen Kopf an einem anderen Ort.

Als er zum Königsschlosse kam, sagte er zum Torhüter, er bringe die Feigen, mit denen man die Königstochter verdienen könne, er solle ihn anmelden. Das geschah, und er mochte es fast nicht erwarten, bis er den Sack auf den Tisch des Königs ausschütten konnte. Aber – potz Wetter! – was für Augen machte der König! Er klemmte sich die Nase zu und schnauzte

---

5 grüne Hecke, Gebüsch

den Brautwerber an: »Wart, du Sapperlotsbube, dir will ich!«
Und er ließ den Knaben in den Turm sperren.

Nach ein paar Tagen dachte der Waldbruder, sein Bruder könnte allmählich zurück sein. Da vernahm er aber, dass sie ihn nicht mehr herausgelassen hatten. Deshalb entschloss er sich hinzugehen und nachzuforschen, wie es ihm ergangen sei. Er nahm für alle Fälle auch einen Sack voll Feigen mit und machte sich auf den Weg. Die Kutte hatte er daheim gelassen und einen veilchenblauen Frack mit gelben Knöpfen angezogen. So war er ein staatsschöner Bursche.

Auf der Reise kam er auch in den großen Wald. Und es erschien ihm auch das Erdmännlein und fragte, was er da im Säcklein habe. »Grüne Feigen«, sagte er. »Nu, nu, so sollst du sie haben«, sagte das Erdmännlein, »und weil du aufrichtig gewesen bist, so kommst du nicht in den Turm wie dein Bruder, und ich schenke dir hier noch ein Pfeiflein. Verlier es nicht; man kann nie wissen: Vielleicht dient es dir später einmal«, sagte es und trippelte in die Stauden.

Der Einsiedler kam zum König und schüttete seine grünen Feigen auf den Tisch und sagte, man solle ihm nun die Königstochter zeigen. »Das wollen wir schon«, antwortete der König, »aber – aber hör mal, mein Junge, bevor du sie bekommst, musst du überdies noch ein Meisterstück vollbringen: Im Hof unten habe ich hundert Hasen; mit denen musst du in den Wald zur Weide fahren. Aber sieh dich vor, dass du sie mir am Abend bis zum letzten zurückbringst, überdies – sonst macht man dich um einen Kopf kürzer – überdies!« Unser Feigenmann setzte seinen Kopf daran und erklärte: »Ich fahre zur Weide und wenn es mein Leben kostet.«

Am Morgen trieb er seine Herde aus und kam am Waldrand zu einem Ameisenhaufen. Da befahl er seinen Hasen, Sorge zu tragen und schön darum herumzulaufen, damit sie die Ameisen nicht zertrampelten. Das freute den Ameisenkönig. Er dankte und sagte: »Weil du mein Volk so achtest und mit ihm so sorgfältig umgehst, wollen wir dir dankbar sein. Winke nur, wenn du uns brauchst.«

Sobald die Hasen merkten, dass sie nun auf ihrer Weide waren, lief einer links hinaus und einer rechts, und in ein paar Augenblicken sah man keinen mehr von ihnen. Der Hirt aber war den ganzen Tag in den Prinzessinnenhimmel verzückt. An seine Hasen dachte er nicht mehr, bis die Vesperglocke läutete und die Vögel ihre Nester aufsuchten. Als er jetzt heimfahren sollte und keinen Fingerbreit von einem Hasen sah, sagte er sich: »Habe ich nicht ein Pfeiflein im Sack? Wollen wir schauen, was es kann.« Und er pfiff auf seinem Pfeiflein.

Seht ihr, wie die Hasen aus allen Ecken gesprungen kommen und das Männchen machen um ihren Hirten herum? Sie sitzen auf ihren Stumpenschwänzchen und horchen auf seine Musik. Und nun fährt er zurück mit ihnen dem Schloss zu.

Alle hundert Hasen spazierten manierlich vor ihm her. Der König machte ein schiefes Gesicht, als beim Abzählen kein Bein fehlte, und er sagte: »Du musst sie morgen noch einmal hüten – überdies –, sonst gilt es nicht.«

Der Prinzessin zuliebe wäre der Waldbruder durchs Feuer gegangen und trieb ohne Murren am nächsten Morgen die Hasen wieder zur Weide. Darauf schickte der König heimlich eine schöne Magd in den Wald. Sie solle ihm mit Geld und guten Worten einen Hasen ablocken. So werde es ihm vergehen, alle wieder durchs Tor einzutreiben. Die Magd brachte ihr Anliegen mit süßen Worten vor und lächelte dazu verführerisch. Da sagte der Hirt, er wolle ihr einen Hasen geben, wenn sie ihm darauf einen Kuss gebe. Da gab sie ihm einen Kuss, und er gab ihr einen Hasen in die Schürze. Als sie aber ein Stück weit damit gegangen war, pfeift es, und der Hase – hoppla – zur Schürze hinaus und – staubvomboden – zu seinen Kameraden zurück!

Am Abend war der König wieder gar nicht zufrieden und befahl: »Morgen – überdies – fährst du nochmals! Überdies:

Es muss gehen, wie ich will!« Das tat der Hirte. Aber nun ging der König selber als Jäger verkleidet in den Wald hinaus mit Gewehr und Jägertasche und tat beim Hirten so, als schäme er sich, ohne einen Hasen von der Jagd heimzukommen; es sei heute wie verhext; der Wald wimmle von Hasen, und doch könne er keinen schießen; der Hirt solle doch so gut sein und ihm einen verkaufen, koste es, was es wolle. »Gut«, sagte der Hirt, »ich will dir einen geben, wenn du dort jenen bockigen Esel, der unten am Berg steht, auf den Gipfel hinaufstößt.« Gern oder ungern, der König ging an die Arbeit und stieß den Esel vor sich her, und so war ein Esel an der Spitze des Volkes! Dafür wurde der König mit einem Hasen und zwei langen Ohren belohnt.

Mit dem Hasen ging der König sogleich in die Küche, um ihn zu schlachten, damit er nicht mehr entrinne. Das Küchenmädchen musste ihn halten, bis der König das Messer gewetzt hatte. Plötzlich pfiff es draußen im Wald. Der Hase schüttelte sein Stummelschwänzchen, fuhr dem Küchenmädchen mit seinen Läufen über den Bauch hinunter und auf und davon zum Schüttstein hinaus. Der König hatte so gut gewetzt, jetzt war nichts mehr zu machen als eine lange Nase.

Als der Hirt am Abend heimkam, sagte der König: »Nun, mein Junge, morgen musst du mir noch ein anderes Kunststück vormachen, ehe du mein Töchterchen bekommst. Auf dem Estrich liegt ein Haufen Getreide, an die zweihundert Säcke, und überdies alles durcheinander: Weizen, Roggen, Gerste, Hafer. Rege dich! Wenn du bis morgen Abend nicht alle Sorten gesondert hast, kommst du um deinen Kopf!«

Was tun? – Der Hirte ging hinaus in den Wald zum Ameisenkönig, der ihm versprochen hatte, bei Gelegenheit dankbar zu sein, und klagte ihm seine Not: »Guter Freund, ich bin in der Klemme, die Sache steht so und so. Willst du nicht dein Völklein einen Tag für mich arbeiten lassen?« Der Ameisenkönig versprach es und übernahm sogar selber die Regie.

Auf dem Estrich hat es den ganzen Tag gewimmelt und gekrabbelt und geraschelt im Getreidehaufen, dass es eine Freude war zuzuschauen. Und als am Abend der König die Nase hereinstreckte, um zu schauen, wie groß das erlesene Häufchen schon sei, war alles in Ordnung. Nun schien es ihm doch allmählich, dieser Blaurock werde noch sein Tochtermann. Aber einmal wollte er es doch noch versuchen, diesen hartnäckigen Brautwerber loszuwerden. Er sagte zu ihm: »Du kannst mein Töchterchen haben – überdies –, wenn du mir einen Sack mit Wahrheit füllen kannst.« »Einverstanden«, sagte der Waldbruder, »wenn es dann damit sein Bewenden hat.«

Da befahl der König, einen Sack zu nähen, ihr könnt selber abschätzen, wie groß der war: Siebenundzwanzig Schneider hatten daran siebenundzwanzig Tage lang zu nähen, und keiner vermochte dabei den andern zu sehen. Einer von des Königs Schweizern hat ihn dann gebracht, und als er ihn über die Achsel schlug, hat es so sehr gewindet, dass alle Schneider rasch ihre Nadel in den Boden stecken mussten und sich am Faden festhalten, sonst hätte es sie fortgeblasen.

Und nun begann das letzte Meisterstück des Bräutigams. Diesen gewaltigen Sack mit Wahrheit zu füllen, will etwas heißen. Wie hat er es angestellt? – Er fing zu erzählen an: »Ein König hatte eine schöne Tochter.« Ist das eine Wahrheit? Ja, es ist eine. »Also, in den Sack damit«, befahl er und erzählte weiter: »Wer diese Tochter wolle, ließ der König bekannt machen, der muss grüne Feigen bringen. Da brachte einer Rossäpfel und der andere Feigen. Sind dies Wahrheiten? Überdies – ja! Also, in den Sack damit! Der mit den Rossäpfeln kam in den Turm, und der andere musste hundert Hasen hüten. Sind dies Wahrheiten? Ich habe nichts dagegen – überdies! Also, in den Sack damit! Für einen einzigen Hasen hat eine Magd einen Liebesdienst getan und hat ein Jäger einen Esel auf den Berg hinaufgestoßen. Sind dies Wahrheiten? Doch, doch – überdies. Also, in den Sack damit! Ich will euch sagen, wer der Jäger war.« – »Nein, nein«, rief der König, »es ist jetzt überdies genug; ich glaube, du würdest den Sack voll bringen. Meine Tochter soll von heute an deine Frau sein. Überdies wirst du an ihr Freude haben.«

Wem es bei der ganzen Geschichte am schlimmsten ergangen ist, das war der Knabe, welcher das Erdmännlein angelogen hatte. Er wurde danach freilich ein reicher Prinz, aber er sagte in seinem Leben doch manch hundertmal: »Hätte ich nur die Feigen nie verleugnet!«

Märchen aus der Schweiz

Der Mann mit dem Schweinekopf

€in Vater hatte drei Töchter, eine von seiner ersten und die beiden andern von seiner zweiten Frau. Eines Tages ging er in die Stadt auf den Markt. Ehe er sich auf den Weg machte, fragte er seine Töchter, was er ihnen vom Markt mitbringen solle. »Schöne Kleider«, antworteten die beiden Jüngeren. Die Älteste aber sagte: »Ich möchte nichts als eine schöne Blume.«

Als der Vater vom Markt heimging, hatte er wohl die Kleider für die zwei Jüngeren eingekauft, die Blume für die älteste Tochter hatte er jedoch vergessen.

Auf seinem Weg kam er durch einen tiefen Wald, in den eine große Lichtung gehauen war. Wie er nun über die Lichtung ging, sah er mitten auf der grünen Wiese eine wunderschöne Blume stehen. Und da fiel ihm wieder ein, was er seiner ältesten Tochter mitbringen wollte. »Wie froh bin ich, dass ich nun auch den Wunsch meiner ältesten Tochter erfüllen kann«, dachte er bei sich, rasch bückte er sich, brach die Blume ab und zog weiter seines Weges.

Er war aber noch nicht weit gekommen, da kam einer hinter ihm her gerannt, der rief: »He du, du hast mir mein Schloss abgerupft!« Da wandte sich der Vater um und sah mit Entsetzen eine absonderliche Gestalt vor sich stehen. Der Fremde hatte statt der Haare Borsten auf dem Kopf und winzige Äuglein. Statt eines Mundes hatte er einen Schweinerüssel. Da fürchtete der Mann sich sehr. Er bat um Verzeihung und sprach: »Die Blume habe ich nur abgebrochen, um sie meiner ältesten Tochter zu schenken. Sie sagte mir, ich solle ihr eine vom Markte mitbringen.« Da antwortete der Mann mit dem Schweinekopf: »Gibst du mir deine älteste Tochter zur Frau, so ist alles gut. Gibst du sie mir aber nicht, so ist's um dein Leben geschehen.«

»Wohl möchte meine älteste Tochter heiraten. Aber ob sie dich, der du so missgestaltet bist, nimmt, das kann ich dir nicht sagen«, antwortete der Vater. »Mag ich aussehen, wie ich will! Du hast mein Schloss abgerupft. Dafür musst du mir deine Tochter zur Frau geben, sonst ist es um dein Leben geschehen!«

Da blieb dem armen Vater keine andere Wahl. Er musste dem Mann mit dem Schweinekopf hoch und heilig versprechen, dass er ihm seine Tochter zur Frau geben wolle.

Als er nun heimkehrte, gab er seinen beiden jüngeren Töchtern die versprochenen Kleider. Dann setzte er sich traurig auf die Ofenbank. Über eine Weile kam auch die älteste Tochter in die Stube. Sie freute sich sehr über die schöne Blume, die ihr der Vater mitgebracht hatte. Als sie ihn fragte, warum er denn so betrübt sei und ein Gesicht mache wie ein Essigkrug, antwortete er ihr endlich. Er erzählte ihr, wie es ihm unterwegs ergangen war, wie er, ohne etwas Böses zu denken, die Blume gebrochen habe und dass er einem Mann mit einem Schweinekopf habe auf Leben und Tod versprechen müssen, dass er sie ihm zur Frau gebe.

Die Tochter tröstete ihren Vater. Und als am übernächsten Tag der Mann mit dem Schweinekopf kam, um sie zu sich zu holen, ging sie willig mit ihm in den Wald hinaus. Er führte sie in eine Höhle, die von wilden Dornen und Disteln umgeben war. Da lebte sie nun arm und kärglich. Ihr Mann verlangte, dass sie ihm das Essen in einem Trog reiche, denn er speiste nicht nach Art der Menschen, sondern fraß aus dem Trog nach Art der Schweine. Lange Zeit lebte sie so mit ihm und er war stets gut und freundlich zu ihr.

Eines Abends kam ihr Mann nicht nach Hause. Da ging sie voller Sorge in den Wald hinaus und suchte überall nach ihm. Plötzlich war ihr, als höre sie ein Schnaufen und Stöhnen.

Und da fand sie in der Tat ihren Mann, der sich im Schlamm wälzte, als wäre er ein Wildschwein.

»Mein armer Mann«, rief sie, »wie muss ich dich hier finden! Komm, ich helfe dir aus dem Sumpf heraus!«

Sie zog ihn aus dem schmutzigen Schlammloch, nahm ihr weißes Taschentuch und wischte ihm Gesicht und Hände rein. Und da stand auf einmal ein wunderschöner Prinz vor ihr. Eine böse Hexe hatte ihn verwünscht, dass er mit einem Schweinekopf und nach Art der Schweine leben musste. Nur eine Frau, die ihn mit ihrem weißen Taschentuch rein wusch, konnte ihn erlösen.

Froh und glücklich kehrten die beiden Hand in Hand aus dem Wald zurück. Als sie zu ihrer Höhle gehen wollten, da war diese in ein prächtiges Schloss verwandelt. Und aus dem Gestrüpp von Dornen und Disteln war ein herrlicher Garten mit Springbrunnen geworden.

Noch viele Jahre lebten darin der Prinz und seine Gemahlin mit ihren Kindern und Kindeskindern in Glück und Frieden bis an ihr seliges Ende.

Märchen aus Baden

Der Teufel mit den drei goldenen Haaren

Es war einmal eine arme Frau, die gebar ein Söhnlein, und weil es eine Glückshaut um hatte, als es zur Welt kam, so ward ihm geweissagt, es werde im vierzehnten Jahr die Tochter des Königs zur Frau haben. Es trug sich zu, dass der König bald darauf ins Dorf kam, und niemand wusste, dass es der König war, und als er die Leute fragte, was es Neues gäbe, so antworteten sie: »Es ist in diesen Tagen ein Kind mit einer Glückshaut geboren: Was so einer unternimmt, das schlägt ihm zum Glück aus. Es ist ihm auch vorausgesagt, in seinem vierzehnten Jahre solle er die Tochter des Königs zur Frau haben.« Der König, der ein böses Herz hatte und über die Weissagung sich ärgerte, ging zu den Eltern, tat ganz freundlich und sagte: »Ihr armen Leute, überlasst mir euer Kind, ich will es versorgen.« Anfangs weigerten sie sich, da aber der fremde Mann schweres Gold dafür bot und sie dachten: »Es ist ein Glückskind, es muss doch zu seinem Besten ausschlagen«, so willigten sie endlich ein und gaben ihm das Kind.

Der König legte es in eine Schachtel und ritt damit weiter, bis er zu einem tiefen Wasser kam; da warf er die Schachtel hinein und dachte: »Von dem unerwarteten Freier habe ich meiner Tochter geholfen.« Die Schachtel aber ging nicht unter, sondern schwamm wie ein Schiffchen, und es drang auch kein Tröpfchen Wasser hinein. So schwamm sie bis zwei Meilen von des Königs Hauptstadt, wo eine Mühle war, an deren Wehr sie hängenblieb. Ein Mahlbursche, der glücklicherweise da stand und sie bemerkte, zog sie mit einem Haken heran und meinte, große Schätze zu finden, als er sie aber aufmachte, lag ein schöner Knabe darin, der ganz frisch und munter war. Er brachte ihn zu den Müllersleuten, und weil diese keine Kinder hatten, freuten sie sich und sprachen:»Gott hat es uns beschert.« Sie pflegten den Findling wohl, und er wuchs in allen Tugenden heran.

Es trug sich zu, dass der König einmal bei einem Gewitter in die Mühle trat und die Müllersleute fragte, ob der große Junge ihr Sohn wäre.»Nein«, antworteten sie,»es ist ein Findling, er ist vor vierzehn Jahren in einer Schachtel ans Wehr geschwommen, und der Mahlbursche hat ihn aus dem Wasser gezogen.« Da merkte der König, dass es niemand anders als das Glückskind war, das er ins Wasser geworfen hatte, und sprach:»Ihr guten Leute, könnte der Junge nicht einen Brief an die Frau Königin bringen, ich will ihm zwei Goldstücke zum Lohn geben?« – »Wie der Herr König gebietet«, antworteten die Leute und hießen den Jungen sich bereithalten. Da schrieb der König einen Brief an die Königin, worin stand: »Sobald der Knabe mit diesem Schreiben angelangt ist, soll er getötet und begraben werden, und das alles soll geschehen sein, ehe ich zurückkomme.«

Der Knabe machte sich mit diesem Briefe auf den Weg, verirrte sich aber und kam abends in einen großen Wald. In der Dunkelheit sah er ein kleines Licht, ging darauf zu und gelangte zu einem Häuschen. Als er hineintrat, saß eine alte Frau beim Feuer ganz allein. Sie erschrak, als sie den Knaben erblickte, und sprach:»Wo kommst du her, und wo willst du hin?« – »Ich komme von der Mühle«, antwortete er,»und will zur Frau Königin, der ich einen Brief bringen soll. Weil ich mich aber in dem Walde verirrt habe, so wollte ich hier gerne übernachten.« – »Du armer Junge«, sprach die Frau,»du bist in ein Räuberhaus geraten, und wenn sie heimkommen, so bringen sie dich um.« – »Mag kommen, wer will«, sagte der Junge,»ich fürchte mich nicht. Ich bin aber so müde, dass ich nicht weiter kann«, streckte sich auf eine Bank und schlief ein. Bald hernach kamen die Räuber und fragten zornig, was da für ein fremder Knabe läge.»Ach«, sagte die Alte,»es ist ein unschuldiges Kind, es hat sich im Walde verirrt, und ich habe ihn aus Barmherzigkeit aufgenommen: Er soll einen Brief an die Frau Königin bringen.« Die Räuber erbrachen den Brief und lasen ihn, und es stand darin, dass der Knabe sogleich, wie er ankäme, sollte ums Leben gebracht werden. Da empfanden die hartherzigen Räuber Mitleid, und der Anführer zerriss den Brief und schrieb einen andern, und es stand darin, sowie der Knabe ankäme, sollte er sogleich mit der Königstochter vermählt werden. Sie ließen ihn dann ruhig bis zum andern Morgen auf der Bank liegen, und als er aufgewacht war, gaben sie ihm den Brief und zeigten ihm den rechten Weg. Die Königin aber, als sie den Brief empfangen und gelesen hatte, tat, wie darin stand, hieß ein prächtiges Hochzeitsfest anstellen, und die Königstochter ward mit dem Glückskind vermählt. Und da der Jüngling schön und freundlich war, so lebte sie vergnügt und zufrieden mit ihm.

Nach einiger Zeit kam der König wieder in sein Schloss und sah, dass die Weissagung erfüllt und das Glückskind mit seiner Tochter vermählt war.»Wie ist das zugegangen?«, sprach er.»Ich habe in meinem Brief einen ganz andern Befehl erteilt.« Da reichte ihm die Königin den Brief und sagte, er möchte selbst sehen, was darin stände. Der König las den Brief und merkte wohl, dass er mit einem andern war vertauscht worden. Er fragte den Jüngling, wie es mit dem anvertrauten Briefe zugegangen wäre, warum er einen andern dafür gebracht hätte.»Ich weiß von nichts«, antwortete er,»er muss mir in der Nacht vertauscht sein, als ich im Walde geschlafen habe.« Voll Zorn sprach der König:»So leicht soll es dir nicht werden, wer meine Tochter haben will, der muss mir aus der Hölle drei goldene Haare von dem Haupte des Teufels holen; bringst du mir, was ich verlange, so sollst du meine Tochter behalten.« Damit hoffte der König, ihn auf immer loszuwerden. Das Glückskind aber antwortete:»Die goldenen Haare will ich wohl holen, ich fürchte mich vor dem Teufel nicht.« Darauf nahm er Abschied und begann seine Wanderschaft.

Der Weg führte ihn zu einer großen Stadt, wo ihn der Wächter an dem Tore ausfragte, was für ein Gewerbe er verstände und was er wüsste. »Ich weiß alles«, antwortete das Glückskind. »So kannst du uns einen Gefallen tun«, sagte der Wächter, »wenn du uns sagst, warum unser Marktbrunnen, aus dem sonst Wein quoll, trocken geworden ist und nicht einmal mehr Wasser gibt.« – »Das sollt ihr erfahren«, antwortete er, »wartet nur, bis ich wiederkomme.« Da ging er weiter und kam vor eine andere Stadt, da fragte der Torwächter wiederum, was für ein Gewerb er verstünde und was er wüsste. »Ich weiß alles«, antwortete er. »So kannst du uns einen Gefallen tun und uns sagen, warum ein Baum in unserer Stadt, der sonst goldene Äpfel trug, jetzt nicht einmal Blätter hervortreibt.« – »Das sollt ihr erfahren«, antwortete er, »wartet nur, bis ich wiederkomme.« Da ging er weiter und kam an ein großes Wasser, über das er hinüber musste. Der Fährmann fragte ihn, was er für ein Gewerb verstände und was er wüsste. »Ich weiß alles«, antwortete er. »So kannst du mir einen Gefallen tun«, sprach der Fährmann, »und mir sagen, warum ich immer hin und her fahren muss und niemals abgelöst werde.«

»Das sollst du erfahren«, antwortete er, »warte nur, bis ich wiederkomme.«

Als er über das Wasser hinüber war, so fand er den Eingang zur Hölle. Es war schwarz und rußig darin, und der Teufel war nicht zu Haus, aber seine Ellermutter saß da in einem breiten Sorgenstuhl. »Was willst du?«, sprach sie zu ihm, sah aber gar nicht so böse aus. »Ich wollte gerne drei goldene Haare von des Teufels Kopf«, antwortete er, »sonst kann ich meine Frau nicht behalten.«

»Das ist viel verlangt«, sagte sie, »wenn der Teufel heimkommt und findet dich, so geht dir's an den Kragen; aber du dauerst mich, ich will sehen, ob ich dir helfen kann.« Sie verwandelte ihn in eine Ameise und sprach: »Kriech in meine Rockfalten, da bist du sicher.« – »Ja«, antwortete er, »das ist schon gut, aber drei Dinge möchte ich gerne noch wissen: Warum ein Brunnen, aus dem sonst Wein quoll, trocken geworden ist, jetzt nicht einmal mehr Wasser gibt; warum ein Baum, der sonst goldene Äpfel trug, nicht einmal mehr Laub treibt und warum ein Fährmann immer herüber und hinüber fahren muss und nicht abgelöst wird.« – »Das sind schwere Fragen«, antwortete sie, »aber halte dich nur still und ruhig und hab acht, was der Teufel spricht, wann ich ihm die drei goldenen Haare ausziehe.«

Als der Abend einbrach, kam der Teufel nach Haus. Kaum war er eingetreten, so merkte er, dass die Luft nicht rein war. »Ich rieche, rieche Menschenfleisch«, sagte er, »es ist hier nicht richtig.« Dann guckte er in alle Ecken und suchte, konnte aber nichts finden. Die Ellermutter schalt ihn aus: »Eben ist erst gekehrt«, sprach sie, »und alles in Ordnung gebracht, nun wirfst du mir's wieder untereinander; immer hast du Menschenfleisch in der Nase! Setze dich nieder und iss dein Abendbrot.« Als er gegessen und getrunken hatte, war er müde, legte der Ellermutter seinen Kopf in den Schoß und sagte, sie sollte ihn ein wenig lausen. Es dauerte nicht lange, so schlummerte er ein, blies und schnarchte. Da fasste die Alte ein goldenes Haar, riss es aus und legte es neben sich. »Autsch!«, schrie der Teufel, »was hast du vor?« – »Ich habe einen schweren Traum gehabt«, antwortete die Ellermutter, »da hab ich dir in die Haare gefasst.« – »Was hat dir denn geträumt?«, fragte der Teufel. »Mir hat geträumt, ein Marktbrunnen, aus dem sonst Wein quoll, sei versiegt, und es habe nicht einmal Wasser daraus quellen wollen, was ist wohl schuld daran?« – »He, wenn sie's wüssten!«, antwortete der Teufel. »Es sitzt eine Kröte unter einem Stein im Brunnen, wenn sie die töten, so wird der Wein schon wieder fließen.« Die Ellermutter lauste ihn wieder, bis er einschlief und schnarchte, dass die Fenster zitterten. Da riss sie ihm das zweite Haar aus. »Hu! Was machst du?«, schrie der Teufel zornig. »Nimm's nicht übel«, antwortete sie, »ich habe es im Traum getan.« – »Was hat dir wieder geträumt?«, fragte er. »Mir hat geträumt, in einem Königreiche stand ein Obstbaum, der hatte sonst goldene Äpfel getragen und wollte jetzt nicht einmal Laub treiben. Was war wohl die Ursache davon?« – »He, wenn sie's wüssten!«, antwortete der Teufel. »An der Wurzel nagt eine Maus, wenn sie die töten, so wird er schon wieder goldene Äpfel tragen, nagt sie aber noch länger, so verdorrt der Baum gänzlich. Aber lass mich mit deinen Träumen in Ruhe, wenn du mich noch einmal im Schlafe störst, so kriegst du eine Ohrfeige.« Die Ellermutter sprach ihm gut zu und lauste ihn wieder, bis er eingeschlafen war und schnarchte. Da fasste sie das dritte goldene Haar und riss es ihm aus. Der Teufel fuhr in die Höhe, schrie und wollte übel mit ihr wirtschaften, aber sie besänftigte ihn nochmals und sprach: »Wer kann für böse Träume!« – »Was hat dir denn geträumt?«, fragte er und war doch neugierig. »Mir hat von einem Fährmann geträumt, der sich beklagte, dass er immer hin und her fahren müsste und nicht abgelöst würde. Was ist wohl schuld?« – »He, der Dummbart!«, antwortete der Teufel. »Wenn einer kommt und will überfahren, so muss er ihm die Stange in die Hand geben, dann muss der andere überfahren, und er ist frei.« Da die Ellermutter ihm die drei goldenen Haare ausgerissen hatte und die drei Fragen beantwortet waren, so ließ sie den alten Drachen in Ruhe, und er schlief, bis der Tag anbrach.

Als der Teufel wieder fortgezogen war, holte die Alte die Ameise aus der Rockfalte und gab dem Glückskind die menschliche Gestalt zurück. »Da hast du die drei goldenen Haare«, sprach sie, »was der Teufel zu deinen drei Fragen gesagt hat, wirst du wohl gehört haben.« – »Ja«, antwortete er, »ich habe es gehört und will's wohl behalten.« – »So ist dir geholfen«, sagte sie, »und nun kannst du deiner Wege ziehen.«

Er bedankte sich bei der Alten für die Hilfe in der Not, verließ die Hölle und war vergnügt, dass ihm alles so wohl geglückt war. Als er zu dem Fährmann kam, sollte er ihm die versprochene Antwort geben. »Fahr mich erst hinüber«, sprach das Glückskind, »so will ich dir sagen, wie du erlöst wirst«, und als er auf dem jenseitigen Ufer angelangt war, gab er ihm des Teufels Rat: »Wenn wieder einer kommt und will übergefahren sein, so gib ihm nur die Stange in die Hand.« Er ging weiter und kam zu der Stadt, worin der unfruchtbare Baum stand und wo der Wächter auch Antwort haben wollte. Da sagte er ihm, wie er vom Teufel gehört hatte: »Tötet die Maus, die an seiner Wurzel nagt, so wird er wieder goldene Äpfel tragen.« Da dankte ihm der Wächter und gab ihm zur Belohnung zwei mit Gold beladene Esel, die mussten ihm nachfolgen. Zuletzt kam er zu der Stadt, deren Brunnen versiegt war. Da sprach er zu dem Wächter, wie der Teufel gesprochen hatte: »Es sitzt eine Kröte im Brunnen unter einem Stein, die müsst ihr aufsuchen und töten, so wird er wieder reichlich Wein geben.« Der Wächter dankte und gab ihm ebenfalls zwei mit Gold beladene Esel.

Endlich langte das Glückskind daheim bei seiner Frau an, die sich herzlich freute, als sie ihn wiedersah und hörte, wie wohl ihm alles gelungen war. Dem König brachte er, was er verlangt hatte, die drei goldenen Haare des Teufels, und als dieser die vier Esel mit dem Golde sah, ward er ganz vergnügt und sprach: »Nun sind alle Bedingungen erfüllt, und du kannst meine Tochter behalten. Aber, lieber Schwiegersohn, sage mir doch, woher ist das viele Gold? Das sind ja gewaltige Schätze!« – »Ich bin über einen Fluss gefahren«, antwortete er, »und da habe ich es mitgenommen, es liegt dort statt des Sandes am Ufer.« – »Kann ich mir auch davon holen?«, sprach der König und war ganz begierig. »So viel Ihr nur wollt«, antwortete er, »es ist ein Fährmann auf dem Fluss, von dem lasst Euch überfahren, so könnt Ihr drüben Eure Säcke füllen.«

Der habsüchtige König machte sich in aller Eile auf den Weg, und als er zu dem Fluss kam, so winkte er dem Fährmann, der sollte ihn übersetzen. Der Fährmann kam und hieß ihn einsteigen, und als sie an das jenseitige Ufer kamen, gab er ihm die Ruderstange in die Hand und sprang davon. Der König aber musste von nun an fahren zur Strafe für seine Sünden. »Fährt er wohl noch?« – »Was denn? Es wird ihm niemand die Stange abgenommen haben.«

Märchen der Brüder Grimm

Tochtergattin

Allerleirauh

$\mathcal{E}$s war einmal ein König, der hatte eine Frau mit goldenen Haaren, und sie war so schön, dass sich ihresgleichen nicht mehr auf Erden fand. Es geschah, dass sie krank lag, und als sie fühlte, dass sie bald sterben würde, rief sie den König und sprach:»Wenn du nach meinem Tode dich wieder vermählen willst, so nimm keine, die nicht ebenso schön ist, als ich bin, und die nicht solche goldenen Haare hat, wie ich habe; das musst du mir versprechen.« Nachdem es ihr der König versprochen hatte, tat sie die Augen zu und starb.

Der König war lange Zeit nicht zu trösten und dachte nicht daran, eine zweite Frau zu nehmen. Endlich sprachen seine Räte:»Es geht nicht anders, der König muss sich wieder vermählen, damit wir eine Königin haben.« Nun wurden Boten weit und breit umhergeschickt, eine Braut zu suchen, die an Schönheit der verstorbenen Königin ganz gleichkäme. Es war aber keine in der ganzen Welt zu finden, und wenn man sie auch gefunden hätte, so war doch keine da, die solche goldenen Haare gehabt hätte. Also kamen die Boten unverrichteter Sache wieder heim.

Nun hatte der König eine Tochter, die war gerade so schön wie ihre verstorbene Mutter und hatte auch solche goldenen Haare. Als sie herangewachsen war, sah sie der König einmal an und sah, dass sie in allem seiner verstorbenen Gemahlin ähnlich war, und fühlte plötzlich eine heftige Liebe zu ihr. Da sprach er zu seinen Räten:»Ich will meine Tochter heiraten, denn sie ist das Ebenbild meiner verstorbenen Frau, und sonst kann ich doch keine Braut finden, die ihr gleicht.« Als die Räte das hörten, erschraken sie und sprachen:»Gott hat verboten, dass der Vater seine Tochter heirate, aus der Sünde kann nichts Gutes entspringen, und das Reich wird mit ins Verderben gezogen.« Die Tochter erschrak noch mehr, als sie den Entschluss ihres Vaters vernahm, hoffte aber, ihn von seinem Vorhaben noch abzubringen. Da sagte sie zu ihm: »Eh ich Euren Wunsch erfülle, muss ich erst drei Kleider haben, eins so golden wie die Sonne, eins so silbern wie der Mond und eins so glänzend wie die Sterne. Ferner verlange ich einen Mantel von tausenderlei Pelz und Rauhwerk zusammengesetzt, und ein jedes Tier in Eurem Reich muss ein Stück von seiner Haut dazu geben.« Sie dachte aber: »Das anzuschaffen ist ganz unmöglich, und ich bringe damit meinen Vater von seinen bösen Gedanken ab.« Der König ließ aber nicht ab, und die geschicktesten Jungfrauen in seinem Reiche mussten die drei Kleider weben, eines so golden wie die Sonne, eins so silbern wie der Mond und eins so glänzend wie die Sterne; und seine Jäger mussten alle Tiere im ganzen Reiche auffangen und ihnen ein Stück von ihrer Haut abziehen, daraus ward ein Mantel von tausenderlei Rauhwerk gemacht. Endlich, als alles fertig war, ließ der König den Mantel herbeiholen, breitete ihn vor ihr aus und sprach: »Morgen soll die Hochzeit sein.«

Als nun die Königstochter sah, dass keine Hoffnung mehr war, ihres Vaters Herz umzuwenden, so fasste sie den Entschluss zu entfliehen. In der Nacht, während alles schlief, stand sie auf und nahm von ihren Kostbarkeiten dreierlei, einen goldenen Ring, ein goldenes Spinnrädchen und ein goldenes Haspelchen; die drei Kleider von Sonne, Mond und Sternen tat sie in eine Nussschale, zog den Mantel von allerlei Rauhwerk an und machte sich Gesicht und Hände mit Ruß schwarz. Dann befahl sie sich Gott und ging fort und ging die ganze Nacht, bis sie in einen großen Wald kam. Und weil sie müde war, setzte sie sich in einen hohlen Baum und schlief ein.

Die Sonne ging auf, und sie schlief fort und schlief noch immer, als es schon hoher Tag war. Da trug es sich zu, dass der

König, dem dieser Wald gehörte, darin jagte. Als seine Hunde zu dem Baum kamen, schnupperten sie, liefen ringsherum und bellten. Sprach der König zu den Jägern:»Seht doch, was dort für ein Wild sich versteckt hat.« Die Jäger folgten dem Befehl, und als sie wiederkamen, sprachen sie:»In dem hohlen Baum liegt ein wunderliches Tier, wie wir noch niemals eins gesehen haben; an seiner Haut ist tausenderlei Pelz, es liegt aber und schläft.« Sprach der König:»Seht zu, ob ihr's lebendig fangen könnt, dann bindet's auf den Wagen und nehmt's mit.« Als die Jäger das Mädchen anfassten, erwachte es voll Schrecken und rief ihnen zu:»Ich bin ein armes Kind, von Vater und Mutter verlassen, erbarmt euch mein und nehmt mich mit.« Da sprachen sie:»Allerleirauh, du bist gut für die Küche, komm nur mit, da kannst du die Asche zusammenkehren.« Also setzten sie es auf den Wagen und fuhren heim in das königliche Schloss. Dort wiesen sie ihm ein Ställchen an unter der Treppe, wo kein Tageslicht hinkam, und sagten:»Rauhtierchen, da kannst du wohnen und schlafen.« Dann ward es in die Küche geschickt, da trug es Holz und Wasser, schürte das Feuer, rupfte das Federvieh, belas das Gemüs', kehrte die Asche und tat alle schlechte Arbeit.

Da lebte Allerleirauh lange Zeit recht armselig. Ach, du schöne Königstochter, wie soll's mit dir noch werden! Es geschah aber einmal, dass ein Fest im Schloss gefeiert ward, da sprach sie zum Koch:»Darf ich ein wenig hinaufgehen und zusehen? Ich will mich außen vor die Türe stellen.« Antwortete der Koch:»Ja, geh nur hin, aber in einer halben Stunde musst du wieder hier sein und die Asche zusammentragen.« Da nahm sie ihr Öllämpchen, ging in ihr Ställchen, zog den Pelzrock aus und wusch sich den Ruß von dem Gesicht und den Händen ab, so dass ihre volle Schönheit wieder an den Tag kam. Dann machte sie die Nuss auf und holte ihr Kleid hervor, das wie die Sonne glänzte. Und wie das geschehen war, ging sie hinauf zum Fest, und alle traten ihr aus dem Weg, denn niemand kannte sie, und meinten nicht anders, als dass es eine Königstochter wäre. Der König aber kam ihr entgegen, reichte ihr die Hand und tanzte mit ihr, und dachte in seinem Herzen:»So schön haben meine Augen noch keine gesehen.« Als der Tanz zu Ende war, verneigte sie sich, und wie sich der König umsah, war sie verschwunden, und niemand wusste wohin. Die Wächter, die vor dem Schlosse standen, wurden gerufen und ausgefragt, aber niemand hatte sie erblickt.

Sie war aber in ihr Ställchen gelaufen, hatte geschwind ihr Kleid ausgezogen, Gesicht und Hände schwarz gemacht und den Pelzmantel umgetan, und war wieder Allerleirauh. Als sie nun in die Küche kam und an ihre Arbeit gehen und die Asche zusammenkehren wollte, sprach der Koch:»Lass das gut sein bis morgen und koche mir da die Suppe für den König, ich will auch einmal ein bisschen oben zugucken; aber lass mir kein Haar hineinfallen, sonst kriegst du in Zukunft nichts mehr zu essen!« Da ging der Koch fort, und Allerleirauh kochte die Suppe für den König, und kochte eine Brotsuppe, so gut es konnte, und wie sie fertig war, holte es in dem Ställchen seinen goldenen Ring und legte ihn in die Schüssel, in welche die Suppe angerichtet ward. Als der Tanz zu Ende war, ließ sich der König die Suppe bringen und aß sie, und sie schmeckte ihm so gut, dass er meinte, niemals eine bessere Suppe gegessen zu haben. Wie er aber auf den Grund kam, sah er da einen goldenen Ring liegen und konnte nicht begreifen, wie er dahin geraten war. Da befahl er, der Koch sollte vor ihn kommen. Der Koch erschrak, wie er den Befehl hörte, und sprach zu Allerleirauh:»Gewiss hast du ein Haar in die Suppe fallen lassen; wenn's wahr ist, so kriegst du Schläge.« Als er vor den König kam, fragte dieser, wer die Suppe gekocht hätte? Antwortete der Koch:»Ich habe sie gekocht.« Der König aber sprach:»Das ist nicht wahr, denn sie war auf andere Art und viel besser gekocht als sonst.« Antwortete er:»Ich muss es gestehen, dass ich sie nicht gekocht habe, sondern das Rauhtierchen.« Sprach der König:»Geh und lass es heraufkommen.«

Als Allerleirauh kam, fragte der König:»Wer bist du?« – »Ich bin ein armes Kind, das keinen Vater und Mutter mehr hat.« Fragte er weiter:»Wozu bist du in meinem Schloss?« Antwortete es:»Ich bin zu nichts gut, als dass mir die Stiefeln um den Kopf geworfen werden.« Fragte er weiter:»Wo hast du den Ring her, der in der Suppe war?« Antwortete es:»Von dem Ring weiß ich nichts.« Also konnte der König nichts erfahren und musste es wieder fortschicken.

Über eine Zeit war wieder ein Fest, da bat Allerleirauh den Koch wie voriges Mal um Erlaubnis, zusehen zu dürfen. Antwortete er:»Ja, aber komm in einer halben Stunde wieder und koch dem König die Brotsuppe, die er so gerne isst.« Da lief es in sein Ställchen, wusch sich geschwind und nahm aus der Nuss das Kleid, das so silbern war wie der Mond, und tat es an. Dann ging es hinauf und glich einer Königstochter und der König trat ihr entgegen und freute sich, dass er sie wiedersah, und weil eben der Tanz anhub, so tanzten sie zusammen. Als aber der Tanz zu Ende war, verschwand sie wieder so schnell, dass der König nicht bemerken konnte, wo sie hinging. Sie sprang aber in ihr Ställchen und machte sich wieder zum Rauhtierchen und ging in die Küche, die Brotsuppe zu kochen. Als der Koch oben war, holte es das goldene Spinnrad und tat es in die Schüssel, so dass die Suppe darüber angerichtet wurde. Danach ward sie dem König gebracht, der aß sie, und sie schmeckte ihm so gut wie das vorige Mal, und ließ den Koch kommen, der musste auch diesmal gestehen, dass Allerleirauh die Suppe gekocht hätte. Allerleirauh kam da wieder vor den König, aber sie antwortete, dass sie nur dazu da wäre, dass ihr die Stiefeln an den Kopf geworfen würden und dass sie von dem goldenen Spinnrädchen gar nichts wüsste.

Als der König zum dritten Mal ein Fest anstellte, da ging es nicht anders als die vorigen Male. Der Koch sprach zwar:»Du bist eine Hexe, Rauhtierchen, und tust immer etwas in die Suppe, davon sie so gut wird, und dem König besser schmeckt, als was ich koche.« Doch weil es so bat, so ließ er es auf die bestimmte Zeit hingehen. Nun zog es ein Kleid an, das wie die Sterne glänzte, und trat damit in den Saal. Der König tanzte wieder mit der schönen Jungfrau und meinte, dass sie noch niemals so schön gewesen wäre. Und während er tanzte, steckte er ihr, ohne dass sie es merkte, einen goldenen Ring an den Finger, und hatte befohlen, dass der Tanz recht lang währen sollte. Wie er zu Ende war, wollte er sie an den Händen festhalten, aber sie riss sich los und sprang so geschwind unter die Leute, dass sie vor seinen Augen verschwand. Sie lief, was sie konnte, in ihr Ställchen unter der Treppe, weil sie aber zu lange und über eine halbe Stunde geblieben war, so konnte sie das schöne Kleid nicht ausziehen, sondern warf nur den Mantel von Pelz darüber, und in der Eile machte sie sich auch nicht ganz rußig, sondern ein Finger blieb weiß. Allerleirauh lief nun in die Küche, kochte dem König die Brotsuppe und legte, wie der Koch fort war, den goldenen Haspel hinein. Der König, als er den Haspel auf dem Grunde fand, ließ Allerleirauh rufen: Da erblickte er den weißen Finger und sah den Ring, den er im Tanze ihr angesteckt hatte. Da ergriff er sie an der Hand und hielt sie fest, und als sie sich losmachen und fortspringen wollte, tat sich der Pelzmantel ein wenig auf, und das Sternenkleid schimmerte hervor. Der König fasste den Mantel und riss ihn ab. Da kamen die goldenen Haare hervor und sie stand da in voller Pracht und konnte sich nicht länger verbergen. Und als sie Ruß und Asche aus ihrem Gesicht gewischt hatte, da war sie schöner, als man noch jemand auf Erden gesehen hatte. Der König aber sprach: »Du bist meine liebe Braut, und wir scheiden nimmermehr voneinander.« Darauf ward die Hochzeit gefeiert, und sie lebten vergnügt bis an ihren Tod.

Märchen der Brüder Grimm
(Hier wurde zum Teil auf die behutsame
Anpassung der Rechtschreibung verzichtet.)

Der Vater und die drei Töchter

E s war einmal ein vornehmer Mann, der hatte drei Töchter, welche heranwuchsen, aber keine Männer finden konnten, so dass er nicht wusste, was er machen sollte. Er kam daher auf den Einfall, die Mädchen malen zu lassen und ihre Bildnisse vor der Tür seines Hauses aufzustellen, so dass sie jeder Vorübergehende sehen und er sie vielleicht verheiraten könnte. Die Wohnung des Mannes lag aber am Meeresufer, wo viele Schiffe aus fremden Ländern hinkamen und anlandeten. So geschah es denn eines Tages, dass ein Schiffspatron die Bildnisse erblickte und an dem der jüngsten Schwester großes Gefallen fand und sich bei ihrem Vater um ihre Hand bewarb. Dieser wollte sie ihm anfangs nicht geben, sondern erst die beiden ältesten Töchter verheiraten. Indes auf den Rat seiner Freunde ging er doch darauf ein, um einmal einen Anfang zu machen, und so wurde denn einige Tage darauf die Hochzeit gefeiert. Als nun die Neuvermählten allein geblieben waren und der junge Ehemann zu der Braut ins Bett steigen wollte – diese war aber bereits eingeschlafen –, da öffnete sich die Wand, und heraus kam ein Gespenst, welches zu ihm sagte: »Bleib fern von Rosa« – dies war der Name der Braut –, »denn sie wird sich mit ihrem Vater vermählen und einen Knaben mit ihm zeugen, mit dem sie sich dann gleichfalls vermählen wird.« Sobald der Bräutigam diese Worte vernahm, begab er sich, ohne irgend jemand etwas zu sagen, zu seinem Schwiegervater und sagte zu ihm, er habe sich geirrt, denn er habe seine älteste Tochter, nicht die jüngste, zur Frau nehmen wollen, jener war damit zufrieden, da dies ja ohnedies mit seinem früheren Wunsch übereinstimmte, und so bekam denn der Schiffspatron die älteste Tochter und kehrte mit ihr in seine Heimat zurück. Kurze Zeit darauf fand sich ein zweiter Freier ein, der gleichfalls die jüngste Tochter haben wollte. Es ging ihm aber ebenso wie seinem Vorgänger, und die arme Rosa blieb ohne Mann, obwohl sie zweimal getraut worden war. Da verfiel sie in ein tiefes Nachsinnen, weil sie es sich nicht erklären konnte, warum ihre beiden Bräutigame sie einer nach dem andern nach der Trauung verlassen hatte. Sie beschloss daher nach einiger Zeit, ihren Vater zu bitten, dass er ihr gestatten möge, die Schwestern zu besuchen, da sie ein großes Verlangen hege, sie wiederzusehen. Ihre eigentliche Absicht aber war zu erfahren, aus welchem Grund ihre früheren Ehemänner sie hatten sitzen lassen, und der Vater willigte ein.

Sie machte sich also auf den Weg, und in der Nähe des Wohnortes der ältesten Schwester angelangt, erkannte Rosa die Magd derselben, welche mit ihrem Krug eben nach Wasser ging, und sprach zu ihr: »Nimm diesen Ring und gib ihn deiner Herrin, ich will hier draußen ihre Antwort abwarten.« Es dauerte nicht lange, so kam die Magd zurück mit der Meldung, dass ihre Gebieterin ihrer harre. Sie begab sich zu ihr, fand sie allein und setzte sich nieder. »Liebe Schwester«, sagte sie zu ihr, »ich hatte großes Verlangen, dich wiederzusehen und dich zugleich um eine Gefälligkeit zu bitten; dass du nämlich heute Nacht, ehe du dich zu deinem Mann legst und nachdem du das Licht gelöscht, hinausgehst und mich deine Stelle einnehmen lässt.« – »Sehr gern«, antwortete die Schwester, »warum nicht? Was du begehrst, soll geschehen.« Als es nun Nacht geworden war, tat die Schwester auch wirklich, was sie versprochen hatte, und verließ ihren Mann, während Rosa sich zu ihm legte und bald darauf, als wäre sie seine Frau, zu ihm sagte: »In der ganzen Zeit, wo wir verheiratet sind, habe ich immer vergessen dich zu fragen, aus welchem Grund du zuerst dich mit meiner jüngsten Schwester verbunden, dann aber sie verlassen hast.« Da erzählte ihr denn der Schwager alles, was sich in jener Nacht zugetragen hatte, worauf sie ihn verließ und ihre Schwester den ihr gebührenden Platz wieder einnahm. Am darauffolgenden Morgen zog Rosa wieder weiter und begab sich zu der anderen Schwester, von deren Mann sie das nämliche erfuhr, so dass sie dann nach Hause zurückkehrte, und als sie allein war, ausrief:»Nein, ich werde mich mit meinem Vater nicht vermählen, wie das Gespenst gesagt hat, sondern will Mörder dingen und ihn ums Leben bringen lassen!« Wirklich führte sie einige Tage darauf ihren Vorsatz aus, und die Mörder begruben den Getöteten außerhalb der Stadt auf einem Acker, wo aus dem Grab desselben ein Apfelbaum hervorwuchs, der sehr schöne Früchte trug. Eines Tages nun sah Rosa einen Mann, der Äpfel feilbot, und kaufte ihm einige ab, von deren Genuss sie jedoch schwanger wurde. Bald darauf fing ihr Leib an sich zu runden, ohne dass sie den Grund wusste; als sie indes später erfuhr, dass auf dem Grab ihres Vaters ein Apfelbaum wachse, erinnerte sie sich, dass sie von jenen Äpfeln gegessen hatte. Gleichwohl sprach sie bei sich selbst:»Trotz alledem soll die Prophezeiung des Gespenstes nicht wahr werden, denn sobald ich entbunden bin, will ich das Kind töten.« Gesagt, getan. Sobald das Kind geboren war, gab sie ihm mehrere Messerstiche und legte es dann in ein Kästchen, welches sie fest vernagelt ins Meer warf, wo ein vom Lande herblasender Wind es in die hohe See hinaustrieb. Zu gleicher Zeit fuhr jedoch ein Handelsschiff vorüber, dessen Kapitän das Kästchen bemerkte und seinen Leuten zurief:»Setzt das Boot aus und nehmt das Kästchen da auf; wenn Sachen von Wert darin sind, so behaltet sie für euch, enthält es aber etwas Lebendiges, so ist es für mich.« Nachdem man nun das Boot ausgesetzt und das Kästchen aufgefischt hatte, fand man darin ein in Blut schwimmendes Büblein, welches der Kapitän für sich behielt und an Kindes statt annahm. Als er dann nach Jahren starb, erbte der Adoptivsohn sein ganzes Vermögen und setzte, älter geworden, die Geschäfte, die jener betrieben, fort, wobei er von einem Land ins andere fuhr.

Bei einer seiner vielen Reisen geschah es nun, dass er nach dem Wohnort seiner Mutter kam. Als er das Haus sah, fragte er, was das für Bildnisse wären, die sich über der Tür desselben befänden. Da erzählte man ihm die Geschichte der drei Schwestern und fügte hinzu, dass die jüngste noch unverheiratet wäre. »Nun wohl«, sprach er, »so will ich sie heiraten!«, und nahm sie auch wirklich zur Frau. Nach langen Jahren, als sie schon mehrere Kinder hatten, reichte sie ihm eines Tages ein reines Hemd zum Wechseln und sah die Narben der Dolchstiche, die sie ihm einst gegeben. Alsbald stieg eine böse Ahnung in ihr auf und sie fragte ihn: »Was sind das für Narben, die du da auf deiner Brust hast?« Da antwortete er ihr, dass er weder Vater noch Mutter gekannt, sondern dass der Kapitän eines Handelsschiffes ihn auf dem Meer in einem Kästchen gefunden und an Kindes statt angenommen habe. »Und nachdem mein Adoptivvater gestorben«, fuhr er fort, »beerbte ich ihn und führte seine Geschäfte weiter, wobei ich hierher gekommen und dein Mann geworden bin. Dies ist alles, was ich weiß.«

Als dies seine Frau hörte, rief sie aus: »So weit also hat mein unseliges Geschick mich verfolgt! Du bist mein Sohn, und jetzt, wo die Vorhersagung des Gespenstes eingetroffen, lasse ich dich in deinem Kummer und meine Kinder als Waisen zurück, ich aber überliefere mich dem Tod, denn dies war nur vom Schicksal bestimmt!« Darauf ging sie hin und tötete sich durch einen Sprung vom Dach.

Griechisches Märchen

Die Kaiserstochter
im Schweinestall

Ein Kaiser, dessen Gemahlin gestorben war, kam auf den abscheulichen Einfall, seine Tochter zu heiraten. Sie aber wollte sich hierzu durchaus nicht überreden lassen und wurde dabei durch ihre Amme unterstützt, welcher sie alle Geheimnisse ihres Herzens anvertraute. Als ihr der Kaiser wieder mit seinen Anträgen zusetzte, so erklärte sie auf den Rat der Alten, sie werde sich bereit finden, wenn sie ein silbernes Prachtkleid bekomme. Der Kaiser ließ hierauf schnell ein solches machen und brachte es selbst seiner Tochter, in der Hoffnung, sie werde sich nun nicht mehr länger weigern. Aber die Prinzessin, von der Amme wieder belehrt, verlangte jetzt ein goldenes Prachtkleid, das an Wert das silberne zehnmal übersteigen müsse. Der Kaiser gab sogleich allen Meistern seiner Hauptstadt Befehl, ein solches Kleid zu verfertigen und sich dazu Gold aus der Schatzkammer zu nehmen, soviel sie nur wollten. Als es fertig war und er es voll Freude der Prinzessin brachte, fand er diese wieder ebenso unschlüssig wie zuvor, und sie verlangte jetzt sogar ein diamantenes Prachtkleid, welches den Wert des goldenen zehntausendmal übersteige. »Dieses«, hatte ihr die Amme gesagt, »wird den Reichtum seiner Schatzkammer übersteigen, er wird es nicht machen lassen können, und dann werden die Anträge ein Ende haben.« Der Kaiser war zwar über die ungeheure Forderung erstaunt, aber um seinen Willen durchzusetzen, erschöpfte er seine Schatzkammer, und was nicht hinreichte, ließ er mit Gewalt von seinem Volke nehmen. So hatte er doch so viel zusammengebracht, um ein diamantenes Kleid verfertigen zu lassen, welches im Werte das goldene zehntausendmal überstieg. Die Prinzessin erschrak, als er es ihr brachte, und bat ihn noch um einen Tag Bedenkzeit. Der

Kaiser willigte ein, und sie besprach sich in dieser Zeit mit ihrer Amme, welche ihr riet, noch ein Kleid von ihrem Vater zu verlangen, welches er ihr gewiss nicht machen lassen könne, nämlich von lauter Lausbälgen und verbrämt mit Bälgen von Flöhen. Als der Kaiser den neuen Wunsch der Prinzessin vernahm, wurde er böse, wollte aber doch nichts sagen, sondern gab sogleich wieder Befehl, dass ein solches Kleid verfertigt werde. Es dauerte ein volles Jahr, bis nur alles Rauchwerk und alle Häute zu diesem Kleid beieinander waren, und dann wieder ein Jahr, bis sie zusammengenäht wurden. Nach dieser Zeit brachte der Kaiser seiner Tochter das Kleid, und nun ließ sich die Prinzessin auf den Rat der Alten ohne weitere Einrede mit ihrem Vater trauen.

Abends, als sie mit ihm in die Brautkammer trat, bat sie ihn, er möchte sie noch einmal ein wenig ins Freie lassen. Er wollte durchaus nicht, denn er misstraute ihr und dachte, sie wolle ihm entfliehen. Sie gab ihm aber einen Bindfaden in die Hand, den sie sich um die Linke gebunden hatte, und sagte ihm, wenn sie ihm zu lange nicht komme, so solle er nur ziehen. So willigte der hässliche Vater endlich ein, und die Prinzessin schlüpfte zur Tür hinaus, wo schon ihre Amme mit einem alten Bock bereitstand, dem sie schnell die Schnur um die Hörner banden. Alsdann legte die Prinzessin alle ihre Kleider an, zuerst das diamantene, darüber das goldene, dann das silberne und über alle diese das abscheuliche, welches ihr der Kaiser zuletzt hatte machen lassen. So entfloh sie.

Der Kaiser wartete indessen ungeduldig und zog endlich sachte an der Schnur, außen aber zog der Bock wider. Der Kaiser zerrte endlich, und der Bock wollte sich in dieser Kunst nicht schlechter finden lassen und tat sein Mögliches, so dass der Kaiser voll Zorn aufsprang und vor die Tür trat. Wie war er aber erstaunt, als er anstatt seiner reizenden Tochter nur einen zottigen schwarzen Bock fand, der sich unsanft an ihn drängte und mit seinen Hörnern aufs Empfindlichste mit ihm zu scherzen suchte. Der Kaiser musste sich wieder allein ins Brautgemach zurückziehen und Leute rufen, die alsbald, die Amme an der Spitze, herbeikamen. Als der Kaiser in einem Schwall von Schimpfworten seinem Zorn Luft gemacht und sein Abenteuer erzählt hatte, befahl er, den Bock wegzuschaffen. Die Amme fing aber zu kreischen an: »Siehst du, Tyrann deines Kindes, wie weit du es nun gebracht hast? Gott hat euch gestraft wegen eurer sträflichen Verbindung, indem er dir deine Tochter nahm und sie in dieses abscheuliche, gehörnte Ungeheuer verwandelte.« So und mit noch vielen anderen Worten überzeugte die listige Amme den betrogenen Herrscher, dass der gerechte Zorn Gottes dieses Wunder bewirkt habe, weshalb er sich auch schämte und von der Sache nichts weiter mehr gesprochen wurde.

Die Prinzessin war indessen in einen großen Wald geflohen, wo sie, da es eben gute Jahreszeit war, von Beeren und Nüssen lebte, die sie an den Sträuchern fand. Nun begab es sich, dass der Kaiserssohn von dem Reiche, zu welchem dieser Wald gehörte, in demselben ein großes Jagen anstellte. Es war schon gegen Abend, als der Prinz, nur von einem Diener begleitet, einen Eber in tiefes Dickicht verfolgte. Zu seinem großen Erstaunen sah er hier das sonderbare Waldkind, und da er nicht wusste, was er daraus machen sollte, legte er den Bogen darauf an. Wie er aber sah, dass es sich nicht rührte, stieg er auf den Baum und fing das unbekannte Tier lebendig. Unter großem Jubel wurde das Waldwunder durch die Stadt in den Palast geführt und dort wegen seines ekelhaften Fells dem Schweinehalter übergeben. Dieser sperrte es in seinen schlechtesten Stall, über welchem ein Hühnerstall war, so dass das Fell des unbekannten Waldtiers nur noch übler zugerichtet wurde. Von allem aber, was man ihm zu fressen hinstellte, nahm es nichts als Beeren und Nüsse vom Walde.

Bald darauf war in der Stadt ein glänzendes Fest. Der Sohn eines angesehenen Herrn bei Hofe hatte Hochzeit. Die ganze schöne Welt der Frauen und Mädchen sowie alle Herren, welchen Namen immer sie trugen, waren dort versammelt. Da schlüpfte, als es Abend war, die Prinzessin aus ihrem ekelhaften Gewande heraus, so dass ihr silbernes zum Vorschein kam, verließ den Schweinestall und ging hin zur Hochzeit. Der Prinz, welcher ebenfalls dort war, sah sie, tanzte mit ihr, und da er das Mädchen außerordentlich schön fand, schenkte er ihm einen sehr kostbaren Ring, nachdem er noch viel mit ihm gesprochen und zuletzt ausschließlich mit ihm getanzt hatte. Gegen Morgen war die unbekannte Schöne wieder aus dem Saal verschwunden, ohne dass jemand in Acht genommen hätte, wohin sie gegangen wäre. Die Prinzessin hatte aber wieder ihr Stallkleid umgetan und schlief ruhig im Schweinestall.

Am zweiten Abend erschien sie wieder bei der Hochzeit, diesmal in ihrem goldenen Kleid. Der Prinz, der sie schon längst gesucht hatte, war über ihren Anblick höchlich erfreut und ging ihr nun nicht mehr von der Seite, indem er gar zu gern auch erfahren hätte, wer denn die Unbekannte von dem außerordentlichen Reichtum und der strahlenden Schönheit sei. Sosehr er aber auch auf der Wache war, dass ihm die Geliebte diesmal nicht entfliehe, so nahm sie doch einen günstigen Augenblick wahr und saß bald ruhig wieder, unter ihrem Schmutzkleid verborgen, im Schweinestall, bevor außer dem Prinzen jemand gewahrte, dass sie sich nicht mehr im Saal befinde.

Am dritten Abend erschien die Unbekannte wieder bei der Hochzeit, wo die ausnehmende Pracht ihres diamantenen Kleides allgemeines Staunen erregte. Auch der Prinz dachte, die Jungfrau, die ein Kleid von so unberechenbarem Wert trage, müsse von hohem Stande sein, aber ihre Schönheit kam ihm noch tausendmal herrlicher vor. Er war wieder ganz glücklich und unterhielt sich diesmal ausschließlich mit ihr, konnte aber zu seinem großen Verdruss auch diesmal nicht herausbringen, wer und woher sie eigentlich sei. Als es gegen

Morgen ging, stahl sich die Unbekannte wieder so listig aus dem Saal, dass weder der Prinz noch irgendwer ihr Fortgehen im Augenblick bemerkte.

Die Hochzeit war zu Ende, und der Prinz hatte keine Hoffnung, seine geliebte Unbekannte wiederzusehen. Das machte ihn ernstlich krank. Aber auch die Prinzessin saß in ihrem Schweinestall nicht mehr so ruhig wie früher, denn sie hatte den Prinzen ebenfalls lieb gewonnen. Einige Tage waren so vergangen, ohne dass der Prinz, der vor Sehnsucht beinahe verging, das Bett verlassen hätte. Da besuchte ihn einer von seinen Freunden, und er ließ ein Frühstück für denselben bereiten. Zufälligerweise kam nun auch das Wundertier aus dem Schweinestall in die Küche – denn man hatte es, da es so still und gutartig schien, frei umhergehen lassen – und bat, sich ein wenig beim Feuer wärmen zu dürfen, weil es in seinem Stalle so kalt sei. Nach einigen Umständen ließ es ihm die Küchenmagd zu, und das Waldtier kauerte sich beim Herde nieder. Als Milch aufs Feuer gesetzt wurde, fragte das Waldtier, für wen dies sei. Da man ihm sagte, für den Prinzen, so zog es von seinem Finger unbemerkt den Ring, den ihm der Prinz bei der Hochzeit gegeben hatte, und warf ihn in den Topf. Nachdem es sich erwärmt hatte, schlich es sich wieder weg in seinen Schweinestall, kleidete sich dort in sein diamantenes Kleid und war so wieder die schönste Prinzessin.

Der Prinz frühstückte indessen mit seinem Freund und konnte sich kaum vor Staunen erholen, als er auf dem Grunde des Milchtopfes den Ring fand, den er seiner geliebten Unbekannten geschenkt hatte. Er ließ unverzüglich die Küchenmagd rufen, welche das Frühstück bereitet hatte, diese verschwor sich aber, dass sie nicht wisse, wie der Ring in die Milch gekommen sei. Der Prinz forschte weiter, wer sich außer ihr noch in der Küche aufgehalten habe. Da gestand endlich das Mädchen nach langem Zaudern, dass das hässliche Waldwunder beim Feuer gesessen sei, um sich zu wärmen. Unverzüglich ging nun der Prinz mit seinem Freunde zu jenem Stall, wo das ekelhafte Waldtier eingesperrt war. Aber wie er die Türe öffnete und hineinsah, prallte er vor freudigem Erstaunen drei Schritte zurück; denn da saß in ihrem herrlichen Prachtkleid seine schöne, über alles geliebte Unbekannte. Sie trat heraus und sprach: »Ich bin es, mein Prinz.« Auf sein Befragen, wie sie an diesen abscheulichen Ort gekommen sei, erzählte sie ihre Geschichte, über die alle sehr erstaunt waren. Alsdann schloss der Prinz seine geliebte Prinzessin zärtlich in die Arme, und bald machte eine prachtvolle Hochzeitsfeier zur Freude des ganzen Hofes dieser Geschichte ein Ende.

Märchen aus Rumänien

Jungfrau Maleen

Es war einmal ein König, der hatte einen Sohn, der warb um die Tochter eines mächtigen Königs, die hieß Jungfrau Maleen und war wunderschön. Weil ihr Vater sie einem andern geben wollte, so ward sie ihm versagt. Da sich aber beide von Herzen liebten, so wollten sie nicht voneinander lassen, und die Jungfrau Maleen sprach zu ihrem Vater: »Ich kann und will keinen andern zu meinem Gemahl nehmen.« Da geriet der Vater in Zorn und ließ einen finstern Turm bauen, in den kein Strahl von Sonne oder Mond fiel. Als er fertig war, sprach er: »Darin sollst du sieben Jahre lang sitzen, dann will ich kommen und sehen, ob dein trotziger Sinn gebrochen ist.« Für die sieben Jahre ward Speise und Trank in den Turm getragen, dann ward sie und ihre Kammerjungfer hineingeführt und eingemauert und also von Himmel und Erde geschieden. Da saßen sie in der Finsternis, wussten nicht, wann Tag oder Nacht anbrach.

Der Königssohn ging oft um den Turm herum und rief ihren Namen, aber kein Laut drang von außen durch die dicken Mauern. Was konnten sie anders tun als jammern und klagen? Indessen ging die Zeit dahin, und an der Abnahme von Speise und Trank merkten sie, dass die sieben Jahre ihrem Ende sich näherten. Sie dachten, der Augenblick ihrer Erlösung wäre gekommen, aber kein Hammerschlag ließ sich hören, und kein Stein wollte aus der Mauer fallen: Es schien, als ob ihr Vater sie vergessen hätte. Als sie nur noch für kurze Zeit Nahrung hatten und einen jämmerlichen Tod voraussahen, da sprach die Jungfrau Maleen: »Wir müssen das Letzte versuchen und sehen, ob wir die Mauer durchbrechen.« Sie nahm das Brotmesser, grub und bohrte an dem Mörtel eines Steins, und wenn sie müd war, so löste sie die Kammerjungfer ab.

Nach langer Arbeit gelang es ihnen, einen Stein herauszunehmen, dann einen zweiten und dritten, und nach drei Tagen fiel der erste Lichtstrahl in ihre Dunkelheit, und endlich war die Öffnung so groß, dass sie hinausschauen konnten. Der Himmel war blau, und eine frische Luft wehte ihnen entgegen, aber wie traurig sah ringsumher alles aus: Das Schloss ihres Vaters lag in Trümmern, die Stadt und die Dörfer waren, so weit man sehen konnte, verbrannt, die Felder weit und breit verheert; keine Menschenseele ließ sich erblicken. Als die Öffnung in der Mauer so groß war, dass sie hindurchschlüpfen konnten, so sprang zuerst die Kammerjungfer herab, und dann folgte die Jungfrau Maleen.

Aber wo sollten sie sich hinwenden? Die Feinde hatten das ganze Reich verwüstet, den König verjagt und alle Einwohner erschlagen. Sie wanderten fort, um ein anderes Land zu suchen, aber sie fanden nirgend ein Obdach oder einen Menschen, der ihnen einen Bissen Brot gab, und ihre Not war so groß, dass sie ihren Hunger an einem Brennnesselbusch stillen mussten.

Als sie nach langer Wanderung in ein anderes Land kamen, boten sie überall ihre Dienste an, aber wo sie anklopften, wurden sie abgewiesen, und niemand wollte sich ihrer erbarmen. Endlich gelangten sie in eine große Stadt und gingen nach dem königlichen Hof. Aber auch da hieß man sie weitergehen, bis endlich der Koch sagte, sie könnten in der Küche bleiben und als Aschenputtel dienen.

Der Sohn des Königs, in dessen Reich sie sich befanden, war aber gerade der Verlobte der Jungfrau Maleen gewesen. Der Vater hatte ihm eine andere Braut bestimmt, die ebenso hässlich von Angesicht als bös von Herzen war. Die Hochzeit war festgesetzt und die Braut schon angelangt, bei ihrer großen Hässlichkeit aber ließ sie sich vor niemand sehen und schloss sich in ihre Kammer ein, und die Jungfrau Maleen musste ihr das Essen aus der Küche bringen. Als der Tag herankam, wo die Braut mit dem Bräutigam in die Kirche gehen sollte, so schämte sie sich ihrer Hässlichkeit und fürchtete, wenn sie sich auf der Straße zeigte, würde sie von den Leuten verspottet und ausgelacht. Da sprach sie zur Jungfrau Maleen: »Dir steht ein großes Glück bevor, ich habe mir den Fuß vertreten und kann nicht gut über die Straße gehen; du sollst meine Brautkleider anziehen und meine Stelle einnehmen: Eine größere Ehre kann dir nicht zuteil werden.«

Die Jungfrau Maleen aber schlug es aus und sagte: »Ich verlange keine Ehre, die mir nicht gebührt.« Es war auch vergeblich, dass sie ihr Gold anbot. Endlich sprach sie zornig: »Wenn du mir nicht gehorchst, so kostet es dir dein Leben: Ich brauche nur ein Wort zu sagen, so wird dir der Kopf vor die Füße gelegt.« Da musste sie gehorchen und die prächtigen Kleider der Braut samt ihrem Schmuck anlegen. Als sie in den königlichen Saal eintrat, erstaunten alle über ihre große Schönheit, und der König sagte zu seinem Sohn: »Das ist die Braut, die ich dir ausgewählt habe und die du zur Kirche führen sollst.« Der Bräutigam erstaunte und dachte: »Sie gleicht meiner Jungfrau Maleen, und ich würde glauben, sie wäre es selbst, aber die sitzt schon lange im Turm gefangen oder ist tot.« Er nahm sie an der Hand und führte sie zur Kirche. An dem Wege stand ein Brennnesselbusch, da sprach sie:

»Brennettelbusch,
Brennettelbusch so klene,
wat steist du hier allene?
Ik hef de Tyt geweten,
da hef ik dy ungesaden,
ungebraden eten.«

»Was sprichst du da?«, fragte der Königssohn. »Nichts«, antwortete sie, »ich dachte nur an die Jungfrau Maleen.« Er verwunderte sich, dass sie von ihr wusste, schwieg aber still. Als sie an den Steg vor dem Kirchhof kamen, sprach sie:

»Karkstegels, brik nich,
bün de rechte Brut nich.«

»Was sprichst du da?«, fragte der Königssohn. »Nichts«, antwortete sie, »ich dachte nur an die Jungfrau Maleen.«

»Kennst du die Jungfrau Maleen?« – »Nein«, antwortete sie, »wie sollt ich sie kennen, ich habe nur von ihr gehört.« Als sie an die Kirchtüre kamen, sprach sie abermals:

»Karkendär, brik nich,
bün de rechte Brut nich.«

»Was sprichst du da?«, fragte er. »Ach«, antwortete sie, »ich habe nur an die Jungfrau Maleen gedacht.« Da zog er ein kostbares Geschmeide hervor, legte es ihr an den Hals und hakte die Kettenringe ineinander. Darauf traten sie in die Kirche, und der Priester legte vor dem Altar ihre Hände ineinander und vermählte sie. Er führte sie zurück, aber sie sprach auf dem ganzen Weg kein Wort. Als sie wieder in dem königlichen Schloss angelangt waren, eilte sie in die Kammer der Braut, legte die prächtigen Kleider und den Schmuck ab, zog ihren grauen Kittel an und behielt nur das Geschmeide um den Hals, das sie von dem Bräutigam empfangen hatte.

Als die Nacht herankam und die Braut in das Zimmer des Königssohns sollte geführt werden, so ließ sie den Schleier über ihr Gesicht fallen, damit er den Betrug nicht merken sollte. Sobald alle Leute fortgegangen waren, sprach er zu ihr: »Was hast du doch zu dem Brennnesselbusch gesagt, der an dem Weg stand?«

»Zu welchem Brennnesselbusch?«, fragte sie, »Ich spreche mit keinem Brennnesselbusch.«

»Wenn du es nicht getan hast, so bist du die rechte Braut nicht«, sagte er. Da half sie sich und sprach:

»Mut herut na myne Maegt,
de my myn Gedanken draegt.«

Sie ging hinaus und fuhr die Jungfrau Maleen an:»Dirne, was
hast du zu dem Brennnesselbusch gesagt?«
»Ich sagte nichts als:

›Brennettelbusch,
Brennettelbusch so klene,
wat steist du hier allene?
Ik hef de Tyt geweten,
da hef ik dy ungesaden,
ungebraden eten.‹«

Die Braut lief in die Kammer zurück und sagte:»Jetzt weiß
ich, was ich zu dem Brennnesselbusch gesprochen habe«, und
wiederholte die Worte, die sie eben gehört hatte.
»Aber was sagtest du zu dem Kirchensteg, als wir darüber
gingen?«, fragte der Königssohn.
»Zu dem Kirchensteg?«, antwortete sie,»Ich spreche mit
keinem Kirchensteg.«
»Dann bist du auch die rechte Braut nicht.« Sie sagte wiederum:

»Mut herut na myne Maegt,
de my myn Gedanken draegt.«

Lief hinaus und fuhr die Jungfrau Maleen an:»Dirne, was hast
du zu dem Kirchsteg gesagt?«
»Ich sagte nichts als:

›Karkstegels, brik nich,
bün de rechte Brut nich.‹«

»Das kostet dich dein Leben«, rief die Braut, eilte aber in die Kammer und sagte:

»Jetzt weiß ich, was ich zu dem Kirchsteg gesprochen habe«, und wiederholte die Worte. »Aber was sagtest du zur Kirchentür?«

»Zur Kirchentür?«, antwortete sie, »Ich spreche mit keiner Kirchentür.«

»Dann bist du auch die rechte Braut nicht.« Sie ging hinaus, fuhr die Jungfrau Maleen an: »Dirne, was hast du zu der Kirchentür gesagt?«

»Ich sagte nichts als:

›Karkendär, brik nich,
bün de rechte Brut nich. ‹«

»Das bricht dir den Hals«, rief die Braut und geriet in den größten Zorn, eilte aber zurück in die Kammer und sagte:

»Jetzt weiß ich, was ich zu der Kirchentür gesprochen habe«, und wiederholte die Worte. »Aber, wo hast du das Geschmeide, das ich dir an der Kirchentür gab?«

»Was für ein Geschmeide?«, antwortete sie, »Du hast mir kein Geschmeide gegeben.«

»Ich habe es dir selbst um den Hals gelegt und selbst eingehakt: Wenn du das nicht weißt, so bist du die rechte Braut nicht.« Er zog ihr den Schleier vom Gesicht, und als er ihre grundlose Hässlichkeit erblickte, sprang er erschrocken zurück und sprach: »Wie kommst du hierher? Wer bist du?«

»Ich bin deine verlobte Braut, aber weil ich fürchtete, die Leute würden mich verspotten, wenn sie mich draußen erblickten, so habe ich dem Aschenputtel befohlen, meine Kleider anzuziehen und statt meiner zur Kirche zu gehen.«

»Wo ist das Mädchen?«, sagte er, »Ich will es sehen, geh und hol es hierher.« Sie ging hinaus und sagte den Dienern, das Aschenputtel sei eine Betrügerin, sie sollten es in den Hof hinabführen und ihm den Kopf abschlagen. Die Diener packten es und wollten es fortschleppen, aber es schrie so laut um Hilfe, dass der Königssohn seine Stimme vernahm, aus seinem Zimmer herbeieilte und den Befehl gab, das Mädchen augenblicklich loszulassen. Es wurden Lichter herbeigeholt, und da bemerkte er an ihrem Hals den Goldschmuck, den er ihm vor der Kirchentür gegeben hatte.»Du bist die rechte Braut«, sagte er,»die mit mir zur Kirche gegangen ist: Komm mit mir in meine Kammer.«Als sie beide allein waren, sprach er:»Du hast auf dem Kirchgang die Jungfrau Maleen genannt, die meine verlobte Braut war; wenn ich dächte, es wäre möglich, so müsste ich glauben, sie stände vor mir: Du gleichst ihr in allem.« Sie antwortete:»Ich bin die Jungfrau Maleen, die um dich sieben Jahre in der Finsternis gefangen gesessen, Hunger und Durst gelitten und so lange in Not und Armut gelebt hat; aber heute bescheint mich die Sonne wieder. Ich bin dir in der Kirche angetraut und bin deine rechtmäßige Gemahlin.« Da küssten sie einander und waren glücklich für ihr Lebtag. Der falschen Braut ward zur Vergeltung der Kopf abgeschlagen.

Der Turm, in welchem die Jungfrau Maleen gesessen hatte, stand noch lange Zeit, und wenn die Kinder vorübergingen, so sangen sie:

>»Kling, klang, kloria,
> wer sitt in dissen Toria?
> Dar sitt en Königsdochter in,
> die kann ik nich to seen krygn.
> De Muer, de will nich bräken,
> de Steen, de will nich stechen.
> Hänschen mit de bunte Jak,
> kumm unn folg my achterna.«

Märchen der Brüder Grimm

Die verborgene Prinzessin

$\mathcal{E}$s war einmal ein König, der wollte wissen, ob die Liebe nur vom Sehen entstehe oder ob sie wirklich im Herzen selbst liege. Um dies zu ergründen, ließ er in tiefster Einsamkeit ein Schloss bauen und hielt darin, nur von einer alten verlässlichen Dienerin betreut, sein einziges Töchterchen verborgen. Die Prinzessin verlebte hier glücklich und vergnügt ihre Kindheit, denn tausenderlei Spielzeug und alles Erdenkliche, was sie erfreuen konnte, war zu ihrer Kurzweil herbeigeschafft worden.

Endlich aber kam ein junger schmucker Jäger, welcher gar meisterlich das Waldhorn zu blasen verstand, hinter das Geheimnis, dass in dem einsamen Schlosse eine Prinzessin verborgen sei, und beschloss, nicht eher zu ruhen, als bis er sie gesehen und ihre Liebe erworben. Schon blickten einzelne Sternlein auf die sich in den Schleier der Nacht hüllende Erde hernieder, als er das Schloss erreichte. Hier setzte er sein Waldhorn an die Lippen und blies eine sehnsuchtsvolle Weise. Dann fasste er sich ein Herz und klopfte an das Tor. Die Dienerin der Prinzessin war gerade abwesend, und da öffnete diese selbst die Türe. Wie erstaunte sie, da sie noch nie einen Mann gesehen, als sie des Jägers ansichtig wurde, fragte ihn aber freundlich nach seinem Begehr. Dieser, selbst überrascht ob der großen Schönheit der Königstochter, sagte, er sei in der einsamen Gegend verirrt und bitte um einen Imbiss und Nachtherberge. Die Prinzessin bewilligte ihm beides und hieß ihn eintreten. Dabei musste sie nur immer den fremden Ankömmling betrachten und fragte ihn, indem sie auf sein Wams deutete, was das sei. Er antwortete, das sei ein Jägerrock und zog ihn aus. »Und das?«, fragte sie und wies auf Hemd und Hose. Er benannte ihr diese Kleidungsstücke und zog sie ebenfalls aus. Als er nun nackt dastand: »Und was ist das?« »Das ist der Quell des Lebens«, antwortete er und begab sich mit der Prinzessin in ihr Schlafgemach. Nach ihrer Rückkehr ahnte die Dienerin, dass etwas vorgefallen sein müsse, da die Prinzessin so ganz anders war als sonst; nie war an ihr eine Traurigkeit zu bemerken, und nun war sie still und in sich gekehrt, denn sie dachte an ihren Liebsten und sehnte sich auf ein Wiedersehen mit ihm. Die Dienerin teilte dem König ihre Wahrnehmung und Besorgnis mit, worauf dieser im ganzen Lande umfragen ließ, wer derjenige sei, welchem seine Tochter ihre Liebe geschenkt habe. Da meldete sich der Jäger beim König und erhielt die Prinzessin zur Frau.

Märchen aus Vorarlberg

Riborrey und seine Tochter

Die Alp Arpitetta liegt im hintersten Teil des Eivischtales und schaut auf die mächtige Zunge des Durandgletschers hinunter. Wenn von der silberblinkenden Pyramide des Weisshorns die Lawinen niederdonnern, rollt das Echo über die Alp weg, so dass die Kühe oft erschreckt die Köpfe heben und unruhig in der Luft herumschnuppern.

Früher war das anders. Im Winter hatten nur die Zacken und Hörner Eismäntel umgeworfen; das Klima war viel milder, Lawinen gab es nicht einmal im Winter, und Riborrey, der mit sechs Knechten und seiner halbwüchsigen Tochter die Alp bewirtschaftete, sah nie Eis bei seinem Brunnen. Vor der Hütte lag ein Gärtchen mit saftigen Gemüsen, mit Levkojen, Primeln und Nelken, und an der Laube rankte sich die Weinrebe empor. Die Ernten fielen immer so reichlich aus, dass die Scheunen bis unter das Dach gefüllt wurden. Auf der Weide glockte die Herde, die so zahlreich war, dass Riborrey nie genau wusste, wie viele Tiere er eigentlich besaß. Seine Tochter verkehrte mit niemand als mit dem alten Müller, dem sie jeden Herbst den Roggen zur Mühle fuhr, und mit dem Besitzer der gegenüber liegenden Leealp, wo sie ihr Brot backen ließ.

Riborrey ging selten zum Gottesdienst in die Talkirche, sondern opferte auf dem Kuhfelsen. Einst erschien er zur Verwunderung aller Anniviarden in der Kirche. Als er hereintrat, fiel ein Sonnenstrahl durchs Fenster; er hing den Hut an dem hellen Streifen auf und setzte sich ins Bänklein. Während der Messe lachte er immer. Da nahm ihn der Pfarrer nach dem Gottesdienst ins Verhör und fragte ihn, warum er immer gelacht habe. Riborrey erwiderte, er habe den Teufel auf dem Fenstersims sitzen sehen; der hätte mit aller Macht an einer

Kuhhaut gezerrt und sie mit den Zähnen auseinanderzureißen versucht. Da sei die Haut zerrissen, der Teufel habe den Kopf an der Mauer angeschlagen, und da habe er halt lachen müssen. Der Pfarrer sah nun, dass Riborrey mehr wusste als er selbst, und sagte, er brauche nicht mehr zur Messe zu kommen.

So blieb Riborrey auf seiner Alp und verkehrte nicht einmal mehr mit den Talleuten. Die Jahre schwanden im Fluge dahin, er war alt geworden und seine Tochter eine schöne Jungfrau. Aber sie dachte nicht ans Heiraten, hing an ihrem Vater und besorgte mit den Knechten die Herde. Sie merkte wohl, wie das Klima rauer wurde, wie die Schneefelder immer näher rückten und der Gletscher langsam ins Tal vorstieß; sie sah auch, wie der Vater ab und zu ängstlich zu den weißen Felswänden emporblickte, wo der Schnee auch im Sommer hängenblieb und nicht mehr zerging.

Eines Abends trat er früher als sonst in die Stube, zog die Tochter an sich und sagte:»Sieh, liebes Kind, die Jahre vergehen, die Zeiten ändern sich, am Fuß des Moncerna liegt eine Schneelast, die die Sonne des Sommers nicht mehr zu schmelzen vermochte; das ist ein Zeichen, dass wir fortziehen müssen; ich habe mich lange gewehrt, denn auf der Alp habe ich mein Leben zugebracht und ich verlasse sie nur ungern, aber es muss sein!«

Einige Wochen später war das Wasser im Brunnen gefroren, und das war das Zeichen zur Abreise. Riborrey schenkte die Alp dem Landesherrn, verkaufte die Herde und zog mit all seiner Habe und den großen Reichtümern ins Rhonetal hinunter.

Allein, Riborrey sollte es bald bereuen, sich an der Rhone niedergelassen zu haben. Dort herrschten ganz andere Sitten und Gebräuche als oben im einsamen Alptal. Die Tochter brauchte keine Wolle mehr zu spinnen und keine Herde mehr zu hüten; die Zeit wurde ihr lang, und da fing sie an zu träumen und verliebte sich in einen jungen, hübschen Burschen, der ihr nachging. Der Vater sah eine Weile zu, dann sagte er zu der Tochter:»Sieh, die Zeit ist gekommen, wo du dir einen Bräutigam erwählen darfst. Die jungen Burschen hier unten gefallen mir aber nicht, und du sollst nie einem andern dein Herz schenken als einem Anniviarden!« Die Tochter war gewillt, dem Vater zu gehorchen und die Werbungen der Männer aus dem Rhonetale auszuschlagen. Wochen und Monate flossen dahin. Sie wartete auf den Anniviarden, der kommen sollte, aber kein einziger meldete sich. Da gehorchte sie nicht mehr der Stimme ihres Vaters, sondern der ihres Herzens und ging wieder mit dem jungen, hübschen Burschen, der ihr so wohl gefiel. Der Vater merkte es und runzelte die Stirne. Eines Abends schloss er das Haus mit dem Schlüssel ab und steckte ihn in die Tasche. Damit glaubte er die beiden Liebenden voneinander trennen zu können, aber weit gefehlt. Als Riborreys Tochter Brot backte, machte sie zwei Abdrücke von dem Hausschlüssel in den Teig, die sie ihrem Geliebten heimlich zuzustecken wusste. Dieser trug die Abdrücke zum Schlosser und ließ zwei neue Schlüssel anfertigen. So konnte sie des Abends heimlich das Haus verlassen und mit dem Geliebten spazierengehen. Aber es ging nicht lange, so entdeckte der Vater den Betrug. Der Zorn flammte in ihm auf, so dass er seine Tochter verfluchte und wünschte, sie möchte für ihren Ungehorsam in ein hässliches Ungeheuer verwandelt werden.

Kaum war der Fluch gesprochen, so ging er auch in Erfüllung; die schöne Tochter tat einen Schrei und schrumpfte zu einer Schlange zusammen. Als der Vater sah, was er im Zorn angerichtet hatte, bereute er seinen Fluch und rang die Hände, aber die Verwünschung konnte er nicht mehr zurücknehmen. Er fühlte sich ganz vereinsamt und vermisste jeden Tag von neuem sein geliebtes Kind, und als er sehen musste, wie sie als hässliche Schlange das Haus umkreiste, legte er sich mit gebrochenem Herzen hin und starb vor Gram.

Die Schlange hütete sorgsam die Schätze, die ihr der Vater zurückgelassen hatte, und eines Tages offenbarte sie sich ihrem Geliebten und bat ihn, sie zu erlösen. In der Christnacht werde sie ihm zur Mitternachtsstunde erscheinen, das erste Mal als Schlange, dann als Kröte und zuletzt als Drache. Wenn er sie in jeder Gestalt dreimal auf den Mund küsse, so werde sie erlöst und wieder in eine blühende Jungfrau verwandelt. Dann wolle sie ihn belohnen, ihm die Hand reichen und die Schätze ihres Vaters mit ihm teilen.

Der Geliebte schauerte zusammen, erinnerte sich aber, was sie ihm als liebliche Jungfrau gewesen, und so erschien er in der Christnacht an der bezeichneten Stelle. Er brauchte nicht lange auf die arme Freundin zu warten. Als es Mitternacht schlug, kroch die Schlange herbei, schlang sich um seinen Leib und flüsterte ihm zu:»Küsse mich, küsse mich!« Er schloss die Augen, überwand den Ekel und küsste sie dreimal. Als er die Augen öffnete, war die Schlange verschwunden und eine große Kröte hüpfte auf seinen Schoß, glotzte ihn mit feuchten, hervorquellenden Augen an und quakte:»Küsse mich, küsse mich!« Der Bursche wurde vor Ekel totenbleich; er schloss wiederum die Augen, krampfte die Hände zusammen und küsste die hässliche Kröte dreimal auf das breite, schlammige Maul. Nun flammte es hell auf, ein schrecklicher, feuerspeiender Drache fuhr zischend durch die Luft, schoss auf ihn los und schnob:»Küsse mich, küsse mich«, und jedes Mal sprühten die Feuergarben aus seinem Maul und zu den Nüstern heraus. Der Bursche zitterte am ganzen Leib vor Schrecken und floh, so schnell er konnte. Hinter ihm Seufzer und eine Stimme, die schluchzte:»Niemals, niemals sollst du glücklich sein!«

Die Stimme hatte recht; der Jüngling ist bald darauf im Elend gestorben, und die unglückliche Tochter des Riborrey harrt bis zur heutigen Stunde ihrer Erlösung.

Märchen aus der Schweiz

❧

Prinzessin Mäusehaut

Ein König hatte drei Töchter; da wollte er wissen, welche ihn am liebsten hätte, ließ sie vor sich kommen und fragte sie. Die älteste sprach, sie habe ihn lieber als das ganze Königreich; die zweite, als alle Edelsteine und Perlen auf der Welt; die dritte aber sagte, sie habe ihn lieber als das Salz. Der König ward aufgebracht, dass sie ihre Liebe zu ihm mit einer so geringen Sache vergleiche, übergab sie einem Diener und befahl, er solle sie in den Wald führen und töten. Wie sie in den Wald gekommen waren, bat die Prinzessin den Diener um ihr Leben; dieser war ihr treu, und würde sie doch nicht getötet haben, er sagte auch, er wolle mit ihr gehen, und ganz nach ihren Befehlen tun. Die Prinzessin verlangte aber nichts als ein Kleid von Mausehaut, und als er ihr das geholt, wickelte sie sich hinein und ging fort. Sie ging geradezu an den Hof eines benachbarten Königs, gab sich für einen Mann aus, und bat den König, dass er sie in seine Dienste nehme. Der König sagte es zu und sie solle bei ihm die Aufwartung haben: Abends musste sie ihm die Stiefel ausziehen, die warf er ihr allemal an den Kopf. Einmal fragte er, woher sie sey? – »Aus dem Lande, wo man den Leuten die Stiefel nicht um den Kopf wirft.« Der König ward da aufmerksam, endlich brachten ihm die andern Diener einen Ring; Mausehaut habe ihn verloren, der sey zu kostbar, den müsse er gestohlen haben. Der König ließ Mausehaut vor sich kommen und fragte, woher der Ring sey? da konnte sich Mausehaut nicht länger verbergen, sie wickelte sich von der Mausehaut los, ihre goldgelben Haare quollen hervor, und sie trat heraus so schön, aber auch so schön, dass der König gleich die Krone von seinem Kopf abnahm und ihr aufsetzte, und sie für seine Gemahlin erklärte.

Zu der Hochzeit wurde auch der Vater der Mäusehaut eingeladen, der glaubte seine Tochter sey schon längst tot, und erkannte sie nicht wieder. Auf der Tafel aber waren alle Speisen, die ihm vorgesetzt wurden, ungesalzen, da ward er ärgerlich und sagte:»ich will lieber nicht leben als solche Speise essen!« Wie er das Wort ausgesagt, sprach die Königin zu ihm:»jetzt wollt ihr nicht leben ohne Salz, und doch habt ihr mich einmal wollen töten lassen, weil ich sagte, ich hätte euch lieber als Salz!« Da erkannte er seine Tochter, und küsste sie, und bat sie um Verzeihung, und es war ihm lieber als sein Königreich, und alle Edelsteine der Welt, dass er sie wiedergefunden.

Märchen der Brüder Grimm
(Urfassung nach der Originalhandschrift der Abtei Ölenberg im Elsass)

Die Tochter des Erbsenkönigs

*E*s war einmal eine arme Frau. Ihr Vater und ihre Mutter waren gestorben. Sie war ganz allein auf der Welt und wünschte sich von Herzen ein Kind. Ein Kind könnte mir Gesellschaft leisten, dachte sie, und wenn es herangewachsen wäre, könnte es mir bei der Arbeit helfen. Es wäre der Trost meines Alters und würde dafür sorgen, dass ich nicht betteln gehen muss.

Eines Tages ging die Frau auf den Acker, um Erbsen zu pflücken. Da sah sie eine große Schote, die sich am Zweig hin und her bewegte, obwohl doch kein bisschen Wind wehte. Sie brach die Schote ab, öffnete sie, und – schwuppdiwupp – sprang ihr der Erbsenkönig in die Arme. Die Frau erschrak. Der Erbsenkönig aber sprach:»Hab keine Angst. Ich weiß, was du dir so sehr wünschst. Du sollst ein Kind haben, schöner als der junge Morgen. Ziehe du es groß, trage Sorge dafür, dass es ihm gut geht. Ich werde dich dabei nicht im Stich lassen.«

Mit diesen Worten sprang der Erbsenkönig wieder ins Gesträuch zurück. Die Frau ging frohen Herzens heim. Bald danach gebar sie ein Kind, ein Mädchen, das war so schön, wie man noch keines auf der Welt gesehen hatte. Die Mutter aber klagte, sie habe keine Wiege für das Kind. Da hörte sie ein Geräusch in der Kammer. Zwei winzige Männlein, ganz in Erbsenschoten gehüllt, trugen eine schöne Wiege herbei, die war mit Deckchen, Windeln und allem gefüllt, was ein Kind brauchte.

Das kleine Mädchen wuchs heran und wurde von Tag zu Tag schöner. Jeden Morgen fand die Mutter am Fußende seines Bettes alles, was es an Kleidern und anderen Dingen brauchte. Das kleine Mädchen brauchte auch keine Nahrung.

Des Nachts erwachte die Mutter zuweilen und hörte, wie es trank. Zündete sie aber ein Licht an, um nachzusehen, was geschah, fand sie nur das Kind in der Wiege, das sich zufrieden die Lippen leckte.

Als die kleine Liese zwei Jahre alt geworden war, rühmte man landauf, landab ihre übergroße Schönheit. Aber eins schien der Mutter sonderbar: Das Kind, das immer lächelte, hatte noch kein einziges Wort gesprochen. Da fürchtete sie, es könnte stumm sein. Und aus der Furcht wurde Gewissheit: Die Kleine war stumm. Darüber war die Mutter sehr traurig. Aber sie tröstete sich: »Wenn sie schon stumm ist, wird sie keine Zeit mit Schwätzen vergeuden und umso besser arbeiten.«

Als das Mädchen alt genug war, um das Haus allein verlassen zu können, suchte es nicht die Gesellschaft anderer Kinder. Es setzte sich allein unter einen Busch und machte den Vögeln Zeichen. Diese zwitscherten und sangen in Schwärmen um sie her, und sie verständigte sich mit ihnen. Liese murmelte seltsame Laute ins Gras. Dann kamen alle Käfer und Würmer angekrochen und unterhielten sich mit ihr. Liese steckte ihre Hand in den Fluss. Dann kamen alle Fische angeschwommen und ließen sich von ihr berühren. Auch den Blumen brachte sie ihre Liebe entgegen. Sie küsste sie und neigte ihnen das Ohr hin, als ob sie ihr etwas zu erzählen hätten. Dies alles verwunderte die Mutter und die Nachbarn sehr.

Solange das Kind noch klein war, hatten es alle wegen seiner Schönheit und seines freundlichen Wesens gern. Als Liese aber heranwuchs und schöner und schöner wurde, beneideten die anderen jungen Mädchen und Frauen sie. Bald aber merkten die Neidischen, dass Liese nicht sprach und seltsame Dinge tat. Da verspotteten sie sie und nannten sie nur noch die »dumme Liese«. Wenn sie vorüberging, rannten ihr die Lausbuben hinterher und riefen:

»Seht mal, hier kommt die dumme Liese!« Das Mädchen aber tat, als ob es nichts gehört hätte. Liese blieb immer fröhlich und freundlich. Aber so manchen der Spötter ereilte ein Missgeschick. Der eine fiel der Länge nach in den Schlamm, der andere erhielt eine Ohrfeige, weil ihm etwas zerbrach. Wieder einer biss sich beim Essen auf die Lippen, ein anderer wurde nachts von Alpträumen geplagt.

Eines Tages sprach die Mutter zu Liese: »Du bist nun groß und alt genug, dass du mir ein wenig zur Hand gehen kannst. Du brauchst zwar nichts für deinen Unterhalt, weil unbekannte Wesen nachts für dich sorgen. Mir aber gibt keiner etwas.« Als Liese das hörte, rannen ihr die Tränen übers Gesicht. Da bereute die Mutter ihre Worte und sprach: »So mach halt weiter wie zuvor und unterhalte dich mit den Tieren und den Blumen.«

Lieses Freude darüber war nur von kurzer Dauer, denn bald darauf heiratete die Mutter einen Geizhals. Der hatte nichts anderes im Sinn, als Geld anzuhäufen. Zuerst konnte er seinen Zorn gegen Liese noch beschwichtigen. Nach ein paar Wochen aber brach er sich Bahn, und er fuhr seine Frau an: »Was erlaubt das Mädchen sich eigentlich, den ganzen Tag nur herumlungern und den Vögeln und Käfern lauschen! Ich dulde nicht länger, dass sie nicht arbeitet!«

»Aber sie braucht doch nichts«, antwortete die Mutter. »Und wir, brauchen wir etwa nichts?«, schimpfte der Mann.

So ging das eine Zeit lang hin und her. Eines Tages aber rief der Mann in höchstem Zorn: »Du nimmst deine faule Tochter dauernd in Schutz. Aber ich habe diese dumme Gans satt! Wenn sie sich nicht bald an die Arbeit macht, werfe ich sie aus dem Haus!« Da konnte die Mutter nicht anders, sie musste Liese eine Hacke in die Hand geben. Und sie trug ihr auf, ein Viertel Morgen auf dem Acker zu hacken. Liese machte sich weinend auf den Weg. Vom Tragen der Hacke war Liese aber so müde geworden, dass sie sich am Rand des Ackers niederlegte und schlief. Es war fast dunkel, als sie erwachte. Sie erschrak und fürchtete sich vor Schlägen. Wie sie aber so dasaß und um sich schaute, siehe da, der Acker war schon fertig gehackt, die Hacke lag neben ihr.

Da ging Liese getrost nach Hause.

Von nun an ging sie alle Tage auf den Acker, und alle Tage geschah dasselbe.

Eines Tages, als sie wieder am Rand des Ackers schlief, ritt der Sohn des Königs vorüber. Er hatte schon von Lieses Schönheit gehört. Nun sah er sie mit eigenen Augen und konnte sich an ihrem Anblick nicht satt sehen. Er sprach: »Wenn sie nicht meine Frau wird, dann sterbe ich vor Kummer.«

Als er seinem Vater dies sagte, empörte der König sich sehr und rief: »Bist du denn ganz von Sinnen, dass du die stumme und noch dazu dumme Liese heiraten willst? Bist du denn genauso dumm wie sie?«

Der Prinz wurde sehr traurig. Er konnte Liese nicht vergessen. Jeden Tag stieg er aufs Pferd und ritt zu dem Ackerrand, an dem sie schlief. Eines Tages wurde er so sehr von seiner Liebe ergriffen, dass er vom Pferd sprang und dem Mädchen die Hand küsste. Liese erwachte und errötete, als sie den Prinzen sah. Dieser schwang sich wieder aufs Pferd und klagte: »Ach Liese, meine Liese, wärst du doch nicht dumm und stumm, mein Vater, der König, hätte nichts gegen unsere Hochzeit.«

Liese konnte von da an keinen Schlaf mehr finden. Sie dachte nur noch an den schönen Königssohn. Gegen Abend schaute sie sich auf dem Acker um. Er war gehackt wie alle Tage. Die Hacke lag neben ihr. Sie nahm sie und ging traurig nach Hause.

Der Stiefvater sprach zur Mutter: »Die Blöde lächelt gar nicht mehr so wie sonst. Was hat sie nur?« Die Mutter dachte traurig, dies läge wohl an der Arbeit. Ihrem Mann wagte sie das aber nicht zu sagen.

Am nächsten Morgen nahm Liese die Hacke und ging auf den Acker. Sie grüßte keinen Vogel und achtete auf keine Blume. Sie ließ sich im Gras nieder und hielt unentwegt Ausschau nach dem Prinzen. Gegen Mittag kam er angeritten. Als er sah, dass Liese wach war, winkte er ihr nur von ferne zu und seufzte: »Ach Liese, meine Liese, wärst du doch nicht dumm und stumm, mein Vater, der König, hätte nichts gegen unsere Hochzeit.«

Liese wurde noch trauriger als zuvor und dachte bei sich: »Ach, warum bin ich nur dumm und stumm?« Sie blieb sitzen bis zum Abend, nahm dann die Hacke und ging heim.

Mitten in der Nacht erwachte die Mutter und hörte, wie die Tochter wie üblich zu essen und zu trinken erhielt. Sie hörte aber auch ein Gerassel wie von Erbsen in trockenen Schoten und feine Stimmen, die fragten: »Oh, Tochter des Erbsenkönigs, bist du nicht glücklich mit uns?«

Die Mutter zündete ein Licht an, um nachzusehen, was geschah. Aber sobald es in der Kammer hell war, war alles verschwunden. Am nächsten Morgen ging Liese wieder auf den Acker und wartete auf den Prinzen. Wieder ritt dieser vorüber und seufzte: »Ach Liese, meine Liese, wärst du doch nicht dumm und stumm, mein Vater, der König, hätte nichts gegen unsere Hochzeit!«

Verzweifelt fragte Liese sich wieder: »Ach, warum bin ich nur dumm und stumm?«

In dieser Nacht hörte die Mutter die Stimmen wieder: »Oh, Tochter des Erbsenkönigs, warum willst du uns verlassen? Bist du nicht glücklich mit uns? Haben wir dir nicht zu essen und zu trinken gegeben? Tochter des Erbsenkönigs, verlass uns nicht!«

Am nächsten Morgen ging Liese wieder hinaus auf den Acker. Als sie den Prinzen erblickte, raufte sie sich die Haare und rief: »Nein, ich will nicht mehr dumm und stumm sein!«

Da donnerte es auf einmal in ihren Ohren, und vor ihren Augen flimmerte es. Alle Vögel flogen davon. Alle Käfer und Würmer verbargen sich im Gras. Die Blumen wandten ihre

Köpfe von ihr ab. Als der Prinz diesmal seufzte und klagte: »Ach Liese, meine Liese, wärst du doch nicht dumm und stumm ...«, antwortete sie: »Stumm und dumm, das war ich einmal.« Da war der Prinz ganz außer sich vor Freude. Er drückte Liese an sich und nahm sie mit auf sein Schloss. Der König gab nun gleich seine Einwilligung zur Hochzeit.

Liese war glücklich. Von nun an aß und trank sie am Tag wie alle anderen Menschen. Die kleinen Erbsenleute brachten ihr nichts mehr.

Nur manchmal war sie bekümmert, weil sie nicht mehr mit den Vögeln, Blumen und Käfern sprechen konnte. Ihre Freude war vollkommen, als sie Zwillinge gebar, einen Knaben und ein Mädchen. Da freuten sich alle im Schloss, vom alten König bis zum Stallburschen. Am meisten freute sich der Prinz. Fünfzehn Tage lang feierte das ganze Schloss und mit ihm das ganze Land die Geburt der Kinder, die so schön waren wie ihre Mutter.

Einige Wochen später ging der Prinz in die Gemächer seiner jungen Frau, um seine Kinder in die Arme zu schließen. Er erschrak, denn das kleine Mädchen lag nicht mehr in seiner Wiege. Er weckte seine Frau: »Wo ist unsere kleine Tochter? Was ist mit ihr geschehen?« Liese wusste keinen Rat und keine Antwort. Da weinten beide bitterlich. Man suchte im ganzen Schloss und im ganzen Land nach dem Kind. Es war und blieb verschwunden. Zum Schutz des kleinen Knaben ließ der Prinz nun Tag und Nacht alle Fenster und Türen bewachen. Aber ach, eines Tages war auch der Knabe verschwunden. Im ganzen Schloss und im ganzen Land herrschte tiefe Trauer.

Als der böse Stiefvater von dem Unglück erfuhr, ging er vor den Prinzen, erzählte dies und das und sprach: »Die junge Königin ist ohne Zweifel eine Hexe. Sie hat wohl ihre Kinder gefressen.«

Der Prinz glaubte dem Stiefvater. Er erbleichte. So sehr er seine junge Frau geliebt hatte, so sehr hasste er sie jetzt. Er ließ sie sogleich in einen Turm sperren, ohne Speise und Trank. Sie sollte so lange darin bleiben, bis sie bekannte, was mit den Kindern geschehen war.

Der Prinz sandte zwei Diener zu ihr, die sie befragten. Sie antwortete ihnen weinend, sie wisse es nicht.

Die Diener meldeten ihrem Herrn, die Königin bekenne nichts. Der Prinz dachte, Hunger und Durst würden sie schon zum Reden bringen. So ging es acht Tage lang. Da dachte der Prinz: Seltsam, dass sie noch am Leben ist. Diesem Geheimnis will ich auf den Grund gehen. Er ließ Wachen vor die Turmtür stellen. Um Mitternacht hörten sie ein Gerassel wie von Erbsen in trockenen Schoten und feine Stimmen, die sprachen: »Oh, Tochter des Erbsenkönigs, was du nun leidest, hat dein Vater gelitten, als du ihn verlassen hast.«

Am Morgen berichteten die Wachen, was sie gehört hatten. Das kam dem Prinzen seltsam vor. Er befahl ihnen, noch eine Nacht vor der Turmtür zu wachen. Um Mitternacht hörten die Wachen dieselben Stimmen, die sprachen: »Oh, Tochter des Erbsenkönigs, was du nun leidest, hat dein Vater gelitten, als du ihn verlassen hast. Gehe weg von dem Prinzen und kehre zu deinem Vater zurück.« – »Wie soll ich denn den Prinzen verlassen?«, fragte sie.

Am Morgen berichteten die Wachen wieder, was sie gehört hatten.

Da sprach der Prinz: »Heute Nacht will ich selbst mit euch wachen.« Um Mitternacht hörte er ein Gerassel wie von Erbsen in trockenen Schoten und feine Stimmen, die sprachen: »Oh, Tochter des Erbsenkönigs, was du nun leidest, hat dein Vater gelitten, als du ihn verlassen hast. Kehre zu deinem Vater, kehre zu uns zurück, und du wirst deine Kinder wiedersehen!«

Die junge Königin fragte: »Und was soll ich dafür tun?«

»Werde, was du warst!«

Da seufzte sie: »Ach, wäre ich nur wieder stumm und dumm!« Dann trat Stille ein.

Der Prinz ließ die Turmtür öffnen und ein Licht bringen.
Da saß seine junge Frau und herzte die beiden Kinder. Sie
war wieder stumm und dumm geworden. Der Prinz weinte
bitterlich, als er erkannte, dass er sie zu Unrecht verurteilt hatte. Die junge Königin warf sich in seine Arme und – war tot.
Im selben Augenblick stießen alle Tiere des Waldes und des
Feldes einen lauten Schrei aus. Drei Tage später trug man Liese zu Grabe. Die Blumen
am Wegesrand verneigten sich vor ihrem Sarg. Als er in die
Grube gesenkt wurde, warfen die Füchse und Hasen mit den
Pfoten Erde darauf. Auf dem Grab wuchsen Pfingstrosen
und Weißdorn, in deren Buschwerk eine Turteltaube und eine
Grasmücke nisteten. Der Prinz war sein Leben lang untröstlich. Nach dem Tod seines Vaters wurde er König. Er ließ den
bösen Stiefvater in denselben Turm sperren, in dem seine Frau
gelitten hatte, und ließ ihn Hungers sterben.

Die beiden Kinder wuchsen zu gesunden, starken und
schönen Menschen heran. Später heirateten sie. Das Mädchen
bekam einen mächtigen König zum Mann. Der Knabe nahm
sich eine schöne Königstochter zur Gemahlin. Sie wurden gü-
tige Herrscher, hatten beide viele Kinder und lebten glücklich
bis ans Ende ihrer Tage.

Märchen aus Lothringen

Die schöne Mengietta

Ein Vater hatte eine sehr schöne Tochter. Alle nannten sie die schöne Mengietta. Eines Tages grub der Vater ein Wiesenbord um und fand dabei ein goldenes Glöcklein ohne Klöppel. Mengietta schaute das Glöcklein an und sagte: »Es ist wirklich schade, dass das Glöcklein keinen Klöppel hat.« Nach langem Hin und Her wurden sie sich einig, das Glöcklein dem König zu schenken. Der König freute sich sehr über das Geschenk, sagte aber auch: »Es ist sehr schade, dass das Glöcklein keinen Klöppel hat.« Der Vater erwiderte, seine Tochter habe das Gleiche gesagt. Da meinte der König, wenn er eine Tochter habe, welche dasselbe dazu bemerkt habe wie er, so solle er sie in sein Schloss kommen lassen. Aber sie dürfe weder zu Fuß noch zu Pferd, weder nackt noch bekleidet, weder am Tag noch in der Nacht kommen. Könne sie das, werde er sie heiraten, wenn nicht, so müsse sie sterben.

Der Vater meinte, seine Tochter könnte diese Bedingungen nicht erfüllen. Er hatte Angst und bereute es, zum König gegangen zu sein. Trotzdem erzählte er ihr, wie es ihm gegangen war. Die Tochter tröstete den Vater und sagte, was der König verlangt habe, sei überhaupt keine große Kunst.

Dann setzte sie sich auf einen Esel, vorne bekleidet, hinten nackt und ging in der Dämmerung zum König. Der heiratete sie, aber er stellte ihr die Bedingung, ihm nie zu widersprechen.

Eines Tages ging der König mit seinem Gefolge auf die Jagd und begegnete einem armen Mann, der hütete eine Kuh, die gerade gekalbt hatte. Daneben stand auch ein Mann mit einem Esel. Der Kuhhirt weinte und der König fragte, weshalb er weine. Er antwortete: »Wie du siehst, hat meine Kuh gekalbt, jetzt behauptet dieser Mann, dass sein Esel gekalbt habe, und will mir das Kalb wegnehmen. – Jetzt sage du, König, wer recht hat.« Der König gab dem Mann mit dem Esel recht.

Mit der Zeit kam auch die Königin da vorbei und fragte den Hirten, weshalb er weine. Er erzählte, der König habe dem Mann recht gegeben, welcher behaupte, sein Esel habe gekalbt. Da sagte die Königin zu ihm:»Mach, was ich dir sage! Nimm einige Fische, grabe ein Loch und lege sie hinein. Wenn der König vorbeigeht, so rühre die Fische durcheinander und sage dabei: ›Schwimmt, meine Fischlein!‹ Fragt er dich, seit wann die Fische auf dem Trockenen schwämmen, antworte: ›Seit die Esel kalben!‹ Der Mann befolgte das und als der König fragte, seit wann die Fische ohne Wasser schwämmen, antwortete er: »Seit die Esel kalben!«

Der König stand beschämt da, aber es kam ihm sogleich in den Sinn, dass seine Frau dem Mann diesen Rat gegeben hatte. Zu Hause sagte er zur Königin:»Du hast versprochen, mir niemals zu widersprechen, doch du hast dein Wort nicht gehalten. Deshalb musst du das Schloss verlassen, doch du kannst noch das, was du am liebsten hast, mitnehmen!«

Der Königin war das recht, doch sie bat den König, mit ihr ein Glas Wein zu trinken. Sie schüttete ein Schlafmittel in den Becher ihres Mannes, als er fest schlief, steckte sie ihn in einen Sack und trug ihn heim zu ihrem Vater. Als der König aufwachte, wusste er nicht, wo er war. Die Königin erklärte ihm, er habe ihr erlaubt, aus dem Schloss zu nehmen, was sie am liebsten habe. – Am liebsten habe sie ihren Mann und so sei er hier. Da sagte der König:»Gut, weil du mich am meisten liebst, komm mit mir ins Schloss zurück!« Von nun an haben sie glücklich zusammen gelebt, aber ich habe sie nachher nicht mehr gesehen.

Märchen aus der Schweiz

Bernanoueille

Im Albret-Lande lebte einmal ein Hirte, der hieß Bernanoueille. Als er eines Tages seine Schafe am Ufer eines
Baches weidete, begegnete ihm ein alter Mann, der ihn bat,
dass er ihn auf die andere Seite des Baches tragen solle. Bernanoueille nahm den armen alten Mann auf die Schultern und
trug ihn ans andere Ufer.

»Du hast mir einen Dienst geleistet«, sprach der Alte, »aber
auch ich will dir einen Gefallen tun. Was wünschst du dir?«

»Du scheinst gleich mir ein armer Schlucker zu sein und
nur wenige Heller zu haben. Was kannst du mir denn geben?«

»Gewiss, ich scheine arm zu sein, aber in Wahrheit bin ich
es nicht. Als du mich trugst, da wusstest du nicht, dass ich der
liebe Gott bin.«

»Oh, lieber Gott, wenn das so ist, dann bitte ich dich nur
um eine Kleinigkeit. Wenn es Zeit ist, mit den Holzbündeln
ins Dorf zurückzukehren, dann mache, dass das Holz mich
trägt, anstatt dass ich es schleppen muss.«

»Nimm diesen Stab«, sprach der liebe Gott, »und wenn
dein Bündel fertig ist, so sprich: Nach dem Willen dessen, den
ich ans andere Ufer trug, trage mich! Dann wird das Holzbündel dich dahin tragen, wohin du begehrst. Der Stab wird dir
auch sonst jeden Wunsch, den du aussprichst, erfüllen.«

Bernanoueille dankte dem lieben Gott und verabschiedete
sich von ihm. Dann machte er sich sogleich an die Arbeit und
hatte bald ein ordentliches Holzbündel beisammen.

Er setzte sich darauf wie auf ein Pferd, nahm den Stab in
die Hand und sprach: »Nach dem Willen dessen, den ich ans
andere Ufer trug, trage mich nach Hause!«

Im selben Augenblick erhob sich das Holzbündel in die

Lüfte und flog, ohne auch nur zu schwanken, geradewegs auf Bernanoueilles Haus zu. Die Kinder und die Leute, die ihn vorüberfliegen sahen, riefen: »Schaut, der Teufel trägt den Bernanoueille!« Bernanoueille ließ sie rufen und schreien. Er kam ohne Schaden zu Hause an. Als er wieder ins Holz ging, kehrte er auf die gleiche Weise nach Hause zurück. Der Stab dünkte ihm mehr zu sein als nur ein nützliches Werkzeug. Eines Tages flog Bernanoueille am Schloss des Königs von Frankreich vorbei. Da stand die Tochter des Königs am Fenster. Sie war eine so wunderschöne Jungfrau, wie der arme Bernanoueille noch nie eine gesehen hatte.

»Mein Gott, ist sie schön«, dachte er bei sich. Wie wäre es, wenn er ihr ein lustiges Vergnügen und eine große Freude bereitete? Und er wünschte sich, dass die Prinzessin ein Kind haben solle, das so schön sei wie sie selbst. Singend wie eine Amsel schritt er sodann hinweg.

Doch während Bernanoueille sich freute, freuten sich andere ganz und gar nicht. Das Kind kam zur Welt und der König war außer sich vor Zorn. Er schrie seine Tochter an: »Wer ist der Vater dieses Kindes?«

»Woher soll ich es wissen, Vater, ich habe ihn ja selbst noch nie gesehen.«

Das Kind war schön, so wunderschön wie seine Mutter. Und beide glichen sich wie ein Wassertropfen dem andern. Als der König die Schönheit des Kindes, eines kleinen Knaben, sah, hatte er große Freude daran. Aber gleich danach ergriff ihn wieder der Zorn gegen seine Tochter und er drohte ihr, er werde sie töten lassen, wenn sie ihm den Vater des Knaben nicht offenbare. Die arme Prinzessin konnte nur immer wieder weinend sagen: »Gott ist mein Zeuge, ich kenne ihn nicht.«

Als das Kind ein wenig größer geworden war, ließ der König alle Prinzen von Frankreich zusammenkommen, denn ein solch schöner Knabe konnte doch nur eines Prinzen Sohn sein.

»Die Stimme des Blutes wird sprechen«, sagte sich der König. »Das Kind wird den Vater erkennen oder der Vater wird das Kind erkennen.«

Er ließ alle Prinzen und Fürsten sich in zwei Reihen aufstellen. Dann ging das Kind zwischen ihnen hindurch, mit einem goldenen Apfel in der Hand. Aber es behielt den Apfel bei sich und reichte ihn keinem der Versammelten. Da ließ der König alle reichen Bürgerssöhne kommen. Aber auch unter ihnen befand sich der Vater des Kindes nicht. Da ließ er alle Männer seines ganzen Reiches zusammenkommen, alle Diener, alle Handwerker, alle Bauern, alle Knechte, alle Soldaten und selbst die Bettler und Vagabunden. Sie standen in drei Reihen da wie eine richtige Armee, sie bildeten Reihen, die so lang wie eine Straße waren. Bernanoueille war der Allerletzte in der dritten Reihe. Als das Kind bei ihm anlangte, reichte es ihm den Apfel und sprach: »Lieber Vater, nimm diesen Apfel.«

Und Bernanoueille, der nicht recht wusste, wie ihm geschah, nahm den Apfel voller Stolz.

Der König aber tobte vor Zorn. Er ließ das Gericht herbeirufen. Und seine Tochter, Bernanoueille und das Kind wurden dazu verurteilt, in einem Fass auf dem weiten Meere ausgesetzt zu werden. Das Urteil wurde sofort vollstreckt. Die drei wurden in ein Fass gesperrt, das mit Nägeln zugenagelt wurde. Dann warf man das Fass ins weite Meer. Als Bernanoueille die Nagelspitzen sah, sprach er: »Nach dem Willen dessen, den ich ans andere Ufer trug, ich will, dass diese Nägel verschwinden!«

Sofort sprangen die Nägel ab. Da gewann die Prinzessin wieder Mut.

Bernanoueille erzählte ihr sein Geheimnis. Mit Hilfe seines Stabes konnte er das Fass lenken und sie konnten darin leben wie die Fische im Wasser, mit den besten Speisen und Getränken versehen.

Bernanoueille, der die Prinzessin wieder glücklich machen wollte, versprach ihr, dass sie sich wünschen könne, was immer sie wolle. Da sprach sie: »Ich will, dass auf diesem Wasser ein Schloss stehe, das in allem dem Schloss meines Vaters, des Königs, gleicht. Es soll von diesem Schlosse aus eine gläserne Brücke zum Schloss meines Vaters führen. Darauf sollen so viele bewaffnete Soldaten stehen, wie die Brücke zu tragen vermag.«

Sie hatte kaum ihren Wunsch ausgesprochen, da ging er auch schon in Erfüllung.

Als er sich am Morgen erhob, sah der König das Schloss mit der Brücke und das bewaffnete Heer. Er wollte natürlich wissen, was das zu bedeuten habe. Man antwortete ihm, dass Bernanoueille es sei, der das Heer befehlige und dem das Schloss gehöre. Ein Diener meldete: »Wenn Ihr Bernanoueille nicht Eure Tochter zur Frau gebt, wird er Euren Platz einnehmen und über Frankreich herrschen an Eurer statt. Ihr habt ihn mit dem Tode bedroht und er wird sich dann rächen. Und wenn Ihr erst in einem Fass sitzt, so habt Ihr nicht, gleich ihm, die Macht je wieder herauszukommen.«

»Sage ihm, dass er kommen soll. Sage ihm, dass mir Frieden lieber ist als Krieg. Und weil Bernanoueille ein so kühner Held ist, so soll er meine Tochter heiraten.«

So wurde Bernanoueille der Erste im Reiche. Er wurde reich und mächtig. Lange lebte er mit seiner Frau und seinem Kind im Glück und im Frieden. All dieses Glück gewann er, weil er einst einem half, den er für noch viel ärmer als sich selber hielt.

Märchen aus der Gascogne

Aschenpüster mit der Wünschelgerte

Es war einmal ein reicher Mann, der hatte eine einzige schöne Tochter, welche er über alle Maßen liebte. Seine Frau war gestorben. Die Tochter war außerordentlich schön und was sie nur immer wünschte, das gab ihr der Vater, weil er kein größeres Glück kannte, als sein Mägdlein zu erfreuen, vielleicht auch, weil sie ein Wünschelmädchen war, dem jeder Wunsch ausging. – »Schenke mir ein Kleid, Vater, das von Silber steht, ich will dir auch einen Kuss dafür geben!«, sprach eines Tages die Tochter zum Vater, und sie empfing bald das Kleid, und der Vater empfing seinen Kuss.

»Schenke mir ein Kleid, lieber Vater, das vom Golde steht!«, sprach die Tochter bald darauf, »und ich will dir zwei Küsse geben.«

Auch diesen angenehmen Tauschhandel ging der Vater ein.

»Schenke mir ein Kleid, das von Diamanten steht, liebster Vater, und ich will dir drei Küsse geben!«, bat wiederum die Tochter, und der Vater sagte ihr: »Du sollst es haben, aber du machst mich arm.«

Der Vater schaffte das Kleid, und die Tochter fiel ihm dankend um den Hals und küsste ihn dreimal und rief: »Nun, herzgoldener, herzallerliebster Vater, schenke mir eine Glücksrute und Wünschelgerte, so will ich stets dein Goldkind sein, und alles tun, was ich dir an den Augen absehen kann!«

»Mein Kind«, sprach der Vater, »eine solche Gerte habe ich nicht, auch wird sie schwer zu bekommen sein, doch will ich mein Glück versuchen, dich ganz glücklich zu machen.«

Da verreiste der Vater und nahm sein letztes Vermögen mit, und forschte nach einer Wünschelgerte, aber kein Kaufmann hatte dergleichen feil. So kam der Mann weit in ein fernes

Land, da fand er von ungefähr einen alten Zauberer und hörte, dass dieser eine Wünschelgerte besitze. Diesen Zauberer suchte der nur zu gute Vater auf und trug ihm sein Anliegen vor und fragte, was die Gerte kosten solle?

Der alte Zauberer sprach:»Wenn die Menschen Wünschelgerten mit Gelde kaufen könnten, so würde es auf Erden bald keinen Wald mehr geben, und wenn auch jedes Bäumelein und jedes Zweigelein eine solche Rute wäre. Der eine solche Gerte empfängt, opfert seine Seele und stirbt drei Tage nachher, wenn er sie aus der Hand gegeben, es wäre denn, er gäbe sie jemand, der auch seine Seele dafür zu opfern gelobt und bereit ist. Dann geht die Seele des Besitzers frei aus.«

»Gut«, sprach der Vater jener Tochter.»Meinem Kinde zu Liebe scheue ich das verlangte Opfer nicht. Gib mir die Gerte!« – Der alte Zauberer ließ den Mann seinen Namen in ein Buch schreiben und erfüllte sein Verlangen. Die weite Reise nach der Gerte zehrte den letzten Rest des Vermögens des reichen Mannes auf, der alles an die Tochter gewendet, aber es war ihm einerlei. Sie nur durch Erfüllung aller ihrer Wünsche glücklich zu sehen, war sein einziger Wunsch und Gedanke. Es ist gut, dachte er, wenn ich sterbe, denn sie würde doch noch mehr wünschen, und wenn ich ihr nun keinen Wunsch mehr erfüllen könnte, würde ich selbst sehr unglücklich sein.

Mit größter Freude empfing die Tochter aus ihres Vaters Hand, den sie mit Sehnsucht zurückerwartete, die Wünschelgerte und wusste nicht, wie sie ihm danken sollte.

Aber nach drei Tagen hatte die Tochter einen neuen Wunsch. Sie hatte von einem überaus schönen Prinzen gehört, der in einem fernen Lande wohne, sehr reich und aller Liebe würdig sei. Den wollte sie gern zum Gemahl haben.

Der Vater aber sprach:»Meine geliebte Tochter, ich gab dir alles, was ich besitze, und für deine Wünschelgerte gab ich Leib und Leben, ja meine Seele dahin. Ich scheide von dir;

schaffe du dir den Prinzen selbst, den du dir wünschest, lebe glücklich und denke mein in Liebe.« Mit diesen Worten neigte der Vater sein Haupt und verschied. Seine Tochter beweinte ihn aufrichtig und schmerzlich und sprach: »Einen bessern Vater hat es nie gegeben!« – Und darin hatte sie sehr recht. Als nun der Vater dieser Tochter zur Erde bestattet war, blieben ihr nicht Verwandte, nicht Geld und Gut. Da tat sie ein Alltagskleid an, das war ein Krähenpelz, nahm ihr Silberkleid, ihr Goldkleid und ihr Diamantkleid und hing alle drei über ihre Schulter, dann nahm sie die Wünschelgerte in die Hand und schwang sie und wünschte sich in die Nähe des Schlosses, darin der gerühmte Prinz wohnte. Da war es, als ob ein Wind sie sanft erhebe, und sie schwebte, von der Luft getragen, eilend zur Ferne und war bald in einem Parkwalde, in dessen Nähe sie das Prinzenschloss durch die dicken Eichbaumstämme schimmern sah. Sie schlug mit der Gerte an die dickste dieser Eichen und wünschte, dass da drinnen ein Schrein wäre, in dem sie ihre Kleider aufhängen könne, und ein Stübchen, sich darin umzukleiden, und das geschah auch gleich alles. Sie verstellte nun ihre Gestalt in die eines Knaben und trat, mit dem Krähenpelze angetan, in das Prinzenschloss. Der Geruch feiner Speisen führte sie der Küche zu; dort bot sie dem Koch ihre Dienste an als ein eltern- und heimatloser Knabe.

»Wohlan«, sprach der Koch, »du sollst mein Aschenpüster werden, sollst früh die Feuer anschüren und am Tage unterhalten und sorgen, dass keine Asche umherfalle, dafür sollst du dich alle Tage satt essen. Musst aber auch des gnädigsten Herrn Prinzen Röcke ausbürsten und seine Stiefel putzen und glänzend machen.«

Das Mädchen waltete als Knabe ihres Amtes und sah nach einigen Tagen den Prinzen, der von der Jagd kam, den Küchengang entlang schritt und einen Vogel, den er geschossen, in die Küche warf, damit derselbe gebraten werde. Der

Prinz war so schön und herrlich von Gestalt und Ansehen, dass Aschenpüster alsbald eine heftige Liebe zu ihm fühlte. Gar zu gerne wäre sie ihm genaht, doch wollte sich das nicht schicken. Da hörte sie, drüben auf einem Nachbarschlosse werde eine fürstliche Hochzeit gehalten, die dauere drei Tage lang, und da sei der Prinz der vornehmste Gast und fahre täglich hinüber zum Tanze. Alles Volk, und wer vom Schlossgesinde nur immer konnte, lief hinüber, die Pracht der Festlichkeiten mitanzusehen. Da bat Aschenpüster den Koch, ihr doch auch zu erlauben, hinüberzugehen und dem Tanze zuzusehen, denn die Küche sei in Ordnung, jedes Feuer gelöscht, jedes Fünklein tot und die Asche wohl verwahrt. Der Koch erlaubte seinem Diener, sich das erbetene Vergnügen zu gewähren. Aschenpüster eilte nach ihrer Eiche, kleidete sich in das silberne Kleid und verwandelte ihre Knabengestalt in die eigene, dann schlug sie an einen Stein mit ihrer Wünschelgerte, da wurde ein Galawagen daraus, und rührte an ein Paar Rosskäfer, daraus wurden stattliche pechschwarze Rosse, und ein Grasfrosch wurde zum Kutscher und ein grüner Laubfrosch zum Livreejäger. In den Wagen setzte sich Aschenpüster, und – heidi –, ging es fort, als flögen wir davon. In den Tanzsaal trat die stattliche Jungfrau, und von ihrer Schönheit war alles geblendet. Der Prinz gewann sie gleich lieb und zog sie zum Tanze auf; sie tanzte entzückend und war sehr glücklich, aber nach einigen Reigen schwand sie aus dem Saale, bestieg ihren draußen harrenden Wagen, schwang ihre Gerte und rief:

»Hinter mir dunkel und vor mir klar,
dass niemand sehe, wohin ich fahr!«

Es sah auch niemand, wohin sie fuhr, aber der Prinz war über das schnelle Verschwinden seiner schönen Tänzerin sehr unruhig, und da auf alle seine Fragen, wer sie gewesen und woher sie sei, niemand Auskunft geben konnte, so verbrachte er die Nacht in großer Unruhe, die sich am Morgen in einen schrecklichen Missmut und in die üble Stimmung verwandelte, von der selbst Prinzen bisweilen befallen werden können.

Der Koch brachte des Prinzen Stiefel in die Küche, und klagte über dessen Misslaune, indem er die Stiefel Aschenpüster zum Putzen und Wichsen übergab. Sie übernahm diese Arbeit und wichste die Stiefel so schön, dass der Kater sich mit Wohlgefallen darin spiegelte und seinem Ich im Spiegel einen Kuss gab; davon verschwand an der Stelle, wo der Kater sich geküsst, der Glanz.

Als Aschenpüster nun in ihrer Knabengestalt und im Krähenpelze in des Prinzen Zimmer trat und die Stiefel hineinstellte, sah der Prinz gleich den matten Fleck, nahm den Stiefel, warf ihn ihr an den Kopf und schrie: »Du Bengel von Aschenpüster! Wirst du wohl besser Stiefel putzen lernen?!«

Aschenpüster hob den Stiefel auf und machte ihn wieder durchweg glänzend und schwieg.

Abends fuhr der Prinz abermals zum Tanze, und Aschenpüster erbat noch einmal Urlaub. Da Aschenpüster am vorigen Abende bald wiedergekommen und nicht über die Zeit ausgeblieben war, wie manches Dienstgesinde gerne tut, so gewährte der Koch wiederum die Bitte – und nun ging Aschenpüster zu ihrem Schrein und Kämmerlein in der Eiche und tat das goldene Kleid an, schuf sich mit der Wünschelgerte einen neuen Wagen, neue Rosse, neue Bedienung und fuhr zum Schlosse hinüber. Dort war bereits der Prinz, aber verstimmt. Alles fehlte, weil sie fehlte. Da trat sie ein, strahlend wie eine Königin. Er eilte auf sie zu und führte sie zum Tanze. Oh, wie glücklich machte ihn ihr holdes Lächeln, ihr sinniges Gespräch, ihre heitere schelmische Necklust! Viel hatte er heute zu fragen, unter anderm, wo sie her sei? Lachend antwortete Aschenpüster: »Aus Stiefelschmeiß!« Eine kurze Stunde weilte Aschenpüster beim Tanze – mit einem Male war sie aus dem

Saale verschwunden, rasch saß sie wieder in ihrem Wagen und sprach ihr Zauberwort:

>»Hinter mir dunkel und vor mir klar,
dass niemand sehe, wohin ich fahr!«

Des Prinzen Blick suchte vergebens die geliebte Gestalt. Nach ihr fragend, wandte er sich an diesen und jenen der Hochzeitsgäste, niemand kannte sie. Er fragte seinen Geheimen Rat, der mit ihm als sein Begleiter gekommen war: »Sagen Sie mir doch, mein lieber Geheimrat, wo liegt der Ort oder das Schloss Stiefelschmeiß?«

Der Geheimrat machte eine tiefe Verbeugung und antwortete: »Durchlauchtigster Prinz! Höchstdieselben geruhen? Stiefelschmeiß – oh ja, das liegt – das liegt – in – in – fatal, nun fällt es mir im Augenblicke nicht ein, wo es liegt. Sollte es wirklich einen Ort oder ein Schloss dieses seltsamen Namens geben? Wo sollte selbiges liegen, Eure Durchlaucht?«

Der Prinz drehte dem Sprecher den Rücken zu und murmelte ärgerlich durch die Zähne: »Ich lasse diesem Geheimrat jährlich dreitausend Taler Gehalt auszahlen und nun weiß er nicht einmal, wo Stiefelschmeiß liegt! – Es ist schauderhaft!«

Daraus erklärte sich von selbst, dass, als die Morgenröte des nächsten Tages rosig emporstieg, die Laune des Prinzen dennoch keine rosenfarbene war. Er hatte keine Ruhe, wollte früh schon ausgehen, zog seinen Rock an, den Aschenpüster rein gebürstet hatte, entdeckte darauf einige Stäubchen, rief nach einer Bürste und stampfte mit dem Fuße. Eilend lief Aschenpüster im Krähenpelze mit der Bürste herbei, der Prinz war aber so schrecklich böse, dass er ihr die Bürste aus der Hand riss, sie ihr an den Kopf warf und ihr zuschrie, sie solle ein anderes Mal gleich besser bürsten.

Am letzten Abende des nachbarlichen Hochzeitfestes lief wieder alles hinüber zum Schlosse, und auch der Prinz fuhr

159

wieder hin. Da bat Aschenpüster zum dritten Mal um Erlaubnis, auch zusehen zu dürfen, darüber schüttelte der Koch sehr den Kopf, dass der Junge so neugierig sei, doch dachte er: Jugend hat nicht Tugend, und sagte:»Es ist heute das letzte Mal, laufe hin!«

Aschenpüster lief geschwinde in den Park in die Eiche, zog das Diamantkleid an, zauberte sich wieder Rosse und Wagen, Kutscher und Lakaien und erschien wie ein lebendiger Schönheitsstrahl beim Feste. Der Prinz tanzte vor allem mit ihr und nur mit ihr und fragte sie zärtlich, wie sie denn heiße? Aschenpüster lächelte schelmisch und antwortete:»Cinerosa Bürstankopf.«

Den Vornamen, der auf Rosa ausging, fand der Prinz, zumal er kein Latein verstand, sehr schön, den Zunamen aber befremdlich – er hatte diese gewiss reiche und angesehene Familie noch nie nennen hören, doch sprach der, von Liebe bezwungen, indem er ihr seinen Ring an einen Finger schob: »Wer du auch sein magst, schönste Cinerosa! Mit diesem Ringe verlobe ich mich dir!« – Mit hoher Schamröte auf den Wangen blickte Aschenpüster zur Erde und zitterte. Gleich darauf entfernte sie sich, als der Prinz nur einen Augenblick seine Augen anderswohin wandte. Schnell saß sie im Wagen, aber der Prinz hatte soeben Befehl gegeben, den seinen dicht hinter dem ihren aufzufahren, damit er ihr folgen könne. Aschenpüster schwang ihre Wünschelgerte und sprach:

»Hinter mir dunkel und vor mir klar,
dass niemand sehe, wohin ich fahr!«

Und da rollte sie hin – rasch saß jetzt auch der Prinz in seinem Wagen – und rollte ihr nach, aber da war ihr Wagen nicht mehr zu sehen, gleichwohl hörte man dessen Räder rollen, und so folgte der Wagenlenker des Prinzen diesem Schall. Der Tanz hatte dieses Mal am längsten gedauert, schon zog der frühe

Morgen dämmernd heran; die Stunde war bereits da, in der die Küchenarbeit begann, Aschenpüster zauberte schnell ihren Wagen und ihre Bedienung fort und hatte nicht Zeit, sich erst umzukleiden, sie verbarg daher eiligst ihr Diamantkleid unter dem Krähenpelze und eilte in die Küche. Der Prinz aber, welcher dem Wagen des herrlichen Mädchens nachgefahren war, sah sich mit Verwunderung dicht vor seinem eigenen Schlosse und wusste nicht, wie ihm geschah, war daher wieder sehr missmutig und dazu sehr unermesslich unmustern und übernächtig. »Unser Prinz ist gar nicht wohl auf!«, sagte zu Aschenpüster der Koch. »Er muss ein Kraftsüpplein haben oder eine Chocolade – zünde rasch Feuer an.« – Der Morgenimbiss wurde schnell bereitet, Aschenpüster warf des Prinzen Ring hinein, der Koch trug die Tasse auf. Der Prinz trank und fand am Boden mit Erstaunen seinen Ring und fragte hastig: »Wer war so früh schon in der Küche?«

»Euer Durchlaucht, niemand als ich und der Aschenpüster«, antwortete der Koch.

»Schicke mir diesen Burschen gleich einmal herein!«, gebot der Prinz, und als Aschenpüster kam, sah ihn der Prinz ganz scharf an, aber der Krähenpelz verhüllte alle Schönheit.

»Komme her, tritt näher, Aschenpüster!«, gebot der Prinz. »Komm, kämme mich, mein Friseur liegt noch in den Federn!«

Aschenpüster gehorchte; sie trat ganz nahe an den Prinzen heran und strählte ihm mit elfenbeinernem Kamme das volle weiche Haar. Der Prinz befühlte den Krähenpelz; derselbe war an einigen Stellen abgetragen, daher etwas mürb und fadenscheinig, und durch die abgeschabten Fäden blitzte es so funkelklar wie Morgentau, das war der Diamantglanz des Prachtgewandes, das Aschenpüster noch unter ihrem Krähenpelze trug.

»Jetzt kenne ich dich, oh Liebe!«, rief voll unaussprechlicher Freude der Prinz. »Jetzt bist du mein, jetzt bin ich dein! Auf ewig!«, und schloss die Braut in die Arme und küsste sie.

Kurz vor der Hochzeit bat die schöne Braut sich von ihrem geliebten Bräutigam noch eine Gnade aus. Der gute Koch, der Aschenpüster so wohlwollend aufgenommen und so freundlich und gütig sie behandelt hatte, empfing von dem Prinzen den Ritterschlag und wurde zum Erbtruchsess erhoben. Das war ihm recht, da brauchte er das Essen nicht mehr zu kochen wie sonst, sondern konnte es an der fürstlichen Tafel in aller Ruhe selbst mit verzehren helfen, und als die Hochzeit prachtvoll gefeiert wurde, da trug er im vollen Glanze seiner neuen Würde, geschmückt mit Stern und Orden, dem prinzlichen Paare mit eigener Hand die Speisen auf.

Märchen aus Thüringen

Der Schiffer gewinnt die Ratstochter

*E*inmal, mitten in einem argen Winter, hatten die Hamburger und Lübecker sich erzürnt und abgemacht, so in der Gegend von Ahrensburg eine Schlacht miteinander zu schlagen. Es ist aber beiden schlecht dabei ergangen. Zur gleichen Zeit waren nämlich die zwei Hünenbrüder, die bei den Segeberger Kalkbergen wohnen, mit ihren Lüneburger Vettern in Streit geraten. Gerade als die Hamburger und Lübecker zum Kampf rückten, sahen sich auch die Riesenkerle und begannen, mit Feldsteinen zu werfen und mit ungeheurem Gebrüll aufeinander loszustürmen.

Man kann sich denken, wie die Hamburger und Lübecker ausgerissen sind, als sie gewahr wurden, was da vor sich ging. Nur die Ratsherren, die Anführer der beiden Scharen, und einige Unterirdische, die ihnen zu Hilfe geeilt waren, hatten solchen Mut, dass sie auf dem Platz blieben, um den Kampf zwischen Lübeck und Hamburg zu Ende zu bringen.

Es hat aber nur den Erfolg gehabt, dass die Herren, geschunden und verwundet, von den zwei siegreichen Segeberger Riesen aufgefunden und in die Höhlen unterm Kalkberg verschleppt worden sind. Sie wurden auch nicht wieder freigelassen, bis sie ihre Siegelringe dafür verpfändet hatten, dass jeder von ihnen einem der beiden Riesenbrüder eine Tochter als Braut zusenden würde.

Wie es mit der Lübeckerin geworden ist, weiß ich nicht genau, aber sie soll sich mit ihrem Mann vertragen und ihn sogar in ihre Mauern gezogen haben; man hört ja auch sonst viel Gutes von Lübecker Frauen.

Der Hamburger Ratsherr, der ebenfalls in der Not seinen Ring hatte geben müssen, hat sein Wort nicht so gut eingelöst.

Er besaß nämlich nur ein einziges Töchterchen und konnte und konnte sich nicht darein finden, sie einem von draußen zu lassen. Er ließ deshalb, obwohl er sonst ein sehr sparsamer Mann war, in seiner Stadt ausloben, wer dem Segeberger den verpfändeten Ring wieder abnähme, der solle seine Tochter und sein halbes Vermögen haben.

Der Hüne hörte davon, er wurde zornig. Und weil er die Listen der Menschen fürchtete, ging er aus, den Ring in der großen Heide zu verbergen.

Nun kam einige Abende nach dem Kampf gerade ein junger Seemann von Lübeck des Wegs, der wollte in Hamburg Heuer suchen. Ihr könnt euch denken, wie er die Augen aufriss über die Erdlöcher und Steine bei Ahrensburg und über die zerrissenen Büsche und entwurzelten Bäume, die auf dem Schlachtfeld der Riesen lagen. Nach allen Seiten rief er und wollte wissen, wer hier wohl gehaust hätte. Aber niemand antwortete, die Menschen saßen noch voll Schreck in den Wäldern rundum. Nur der riesige Schiffbauer Isebart, der für die Hamburger hatte kämpfen wollen, grub sich endlich aus einer Kuhle hoch und nach und nach noch ein Herdpucker und ein kleiner humpelnder Unterirdischer. Die waren dem Hamburger Ratsherrn gefolgt und hatten sich klaftertief in den Boden eingewühlt, als die Hünensteine zu sausen begannen. Sie hatten jetzt aber großes Heimweh und baten den Matrosen sehr, ihnen doch den Weg zurück zur Elbe zu weisen. Sie würden ihm gewiss auch einmal helfen, wenn er sie riefe.

Der junge Schiffer war ein gutherziger Bursch, er nahm den alten halbblinden Isebart an der Hand, hob den Puk und den kleinen Unterirdischen auf seine Schultern und suchte den Weg. Er hat dabei aber zwischen all den Löchern die Richtung verloren. Vielleicht musste er sich auch allzu sehr in Acht nehmen; der riesige Isebart stelzte mit jedem dritten Schritt über ihn hinweg.

Nun heißt es, dass die vier Gesellen, als sie sich verirrt hatten, in jener großen Heide übernachten mussten, welche die

Hünenkerle von Segeberg aus in neun Sprüngen erreichen. Es wird auch an dem gewesen sein; denn als der junge Schiffer sich im Frühnebel gerade aus dem Kraut aufrekeln wollte, sah er einen gewaltigen Schatten nahen, einen Riesen, der blitzschnell einen Wacholder halb aus dem Boden hob und etwas darunter verscharrte. Dann wandte der Lange sich scheu nach allen Seiten um und lief eilig von dannen.

Ih, dachte der Seemann und kratzte die Erde an den Wurzeln des Busches wieder auf, sollte da am Ende jemand Diebsgut vergraben haben? Es kam jedoch nur ein winziger kupferner Kasten zum Vorschein. Als er den öffnete, war nichts als ein goldener Siegelring darin.

Nun, war es kein Schatz, war's doch ein schöner Fund; unser Schiffer war zufrieden, weckte seine Gesellen und setzte mit ihnen den Weg fort. Er hörte auch bald zu seiner Überraschung von der großen Auslobung in Hamburg, hielt den Ring fest in der Faust und schritt am Abend stolz ins Stadttor ein.

Die drei Geretteten, die er bei sich hatte, wünschten ihm Glück, sie dankten ihm noch einmal und wandten sich jeder, wohin er gehörte. Der Schiffer aber meinte, er sei jetzt ein reicher Mann und brauche nur noch die Braut zu besuchen.

Als er nun dem Ratsherrn den Ring aushändigte, war der heilfroh, dass er das Kleinod zurückerhielt. Aber als der Junge ihm genau und ohne Prahlerei erzählte, wie er dazu gekommen war, und als man so beredete, was man sei und werden wolle, tat es dem Ratsmann leid um sein Versprechen. Und obwohl der Bursch die Jungfer aufmerksam betrachtete und gleich erklärte, sie gefiele ihm gut, verwünschte der Vater seine Auslobung. Ja, meinte er hochmütig, um sein Schwiegersohn zu werden, müsse man allerdings noch mehr nachweisen, nämlich, dass man zu regieren verstünde. Was sollte das Volk sonst sagen zu solch neuem Herrn.

Der arme Schiffer konnte nicht lesen, er wusste nicht genau, was verkündet war. Er sah nur die Ratstochter, die mit niedergeschlagenen Augen vor ihm stand. Was er denn zu tun habe, fragte er ärgerlich.

Ja, da seien noch einige Proben auszuführen, erwiderte der Ratsherr rasch und merkte seinen Vorteil. Erstens verlange er, dass der Bewerber zum Beweis seiner Emsigkeit in einer Nacht alles Unkraut von den Straßen der Stadt fortschaffe.

Der Schiffer wurde traurig und bat sich einen Tag Bedenkzeit aus. Er fing sogar an, hier und da mit dem Messer zwischen den Steinen zu kratzen, und die Bürger lachten über den wunderlichen Menschen. Als es dabei auf Mitternacht ging, stand auf einmal der Unterirdische neben ihm, den er in die Stadt gebracht hatte.

»Was hast du denn vor, Freund?«, fragte er erstaunt.

»Ach, ich soll den Hamburgern das Gras aus allen Straßen rupfen und hab nur noch sechs Stunden Zeit«, klagte der Schiffer.

Da pfiff der Knirps leise und sagte etwas ins Dunkel. Im nächsten Augenblick wimmelte und huschte es aus allen Spalten wie von Mäusen und Asseln. Als der Schiffer aber genau zuschaute, waren da lauter kleine Unterirdische, die aus jedem wackelnden Winkel herauskletterten. Ja, die Bürger, die in jener Nacht spät heimkehrten, hatten viel Absonderliches zu beobachten; alle Straßen seien lebendig gewesen, sagen sie, es kribbelte und krabbelte unter ihren Füßen, und es ist als wunderbare Erscheinung in der Chronik aufgezeichnet worden, dass in jener Nacht alle Hamburger Straßen gesäubert wurden. Ohne Lohn und ohne jemandes Schaden ist es geschehen.

Als der junge Schiffer nun am nächsten Tag zu dem Ratsherrn ging, hatte man dort schon von der Zauberei gehört. Die Tochter stand am Fenster und lächelte, als er hinaufgrüßte. Der Alte aber polterte umso zorniger darauflos. Das sei noch gar nichts, schrie er. Der Anfang vom Regieren sei, in einer einzigen Nacht alle Bürger einig zu machen, einschließlich der geistlichen Herren. Wenn der Schiffer das nicht vermöchte, könne er nie sein Schwiegersohn werden.

Nun, unser armer Bursch ging ja wieder sehr betrübt die Treppe hinab. Als er aber um die Ecke kam, stand da der Puk, der Herdpucker, dem er nach Hamburg geholfen hatte, und hatte schon alles mit angehört.

»Lass mich nur«, sagte er.

Der kleine Knirps hat denn auch augenblicklich seine rote Mütze aufgesetzt und ist von Haus zu Haus gefahren. Und überall hat er mit Windeseile seinen Genossen Bescheid gegeben, und überall haben die über Nacht den Bürgern die Geschichte von dem betrogenen jungen Schiffer und der armen Ratstochter in den Schlaf geknistert.

Das hat viel Aufsehen gemacht. Es ist ja nichts so dringlich und haftet fester, als was einem dicht vor Frühgrauen in den Traum fährt.

Zur Stunde, als die Amtsglocken zur Morgensprache riefen, beredeten deshalb geistliche Herren, Zunftmeister und Gesellen schon miteinander, ob wohl etwas Wahres an dem Gerücht von dem Lübecker Schifferburschen sei. Und es ist ein Schwätzen und Rennen und wirkliches Empören geworden, niemand hat bestreiten können, dass die ganze Stadt sich einig gewesen ist.

Als der Schiffer an jenem Morgen zu dem gestrengen Ratsmann kam, wusste der kaum, wie er mit all den Fragen und Aufläufen fertig werden sollte. Aber wenn auch die Tochter dem Burschen von weitem zuwinkte, war der Alte bärbeißiger denn je. Schlecht habe er es besorgt, brüllte er den Kommenden an. Ob es wohl das rechte Regieren wäre, alles Volk in Aufruhr und sein Kind in solch Gerede zu bringen? Nein, habe der Herr von Irgendwoher nicht über Nacht das schönste Schiff im Hafen bereit, solle er sich's nimmer gelüsten lassen, noch einmal um die Jungfer anzuhalten.

Diesmal war da kein Kröt noch Heinzelmann, der dem jungen Schiffer half, als er das Haus verließ. Nur des Ratsherrn Tochter stand in einem Winkel und küsste ihn rasch.

Aber der arme Bursch wäre vor Ratlosigkeit am liebsten gleich auf und davon gelaufen.

Endlich ging er an den Hafen, wo er auf der Jenseite unterm Grasbrook den riesigen Bootsbauer zuletzt gesehen hatte. Der ist der einzige, den ich um Rat fragen kann, dachte er traurig, wenn der mir nicht hilft, habe ich mein Mädchen für immer verloren. »Hol über«, rief er deshalb, aber niemand rührte sich. »Hol über, Isebart!«, rief er noch einmal. Und dann:

>»Isebart, Isebart,
>wult seen, wo dien Fründ bedragen ward?«[6]

Da war es, als wüchse drüben auf der anderen Seite der Elbe unter den großen Werften das Ufer ein wenig höher. Ein feuriger Spalt wurde sichtbar:

>»Woneem ward en bedragen?«,

schrie der Riese, sprang mit einem Satz neben den Schiffer und der klagte ihm sein Leid.

Der Alte horchte nach einem Glockenturm, der Mitternacht schlug, dann murmelte er:

>»Morgen Klock acht
>ward dat Schipp di bracht,
>maak di keen Sorgen,
>Jung, öwer Nacht!«[7]

Der Schiffer hat trotzdem nicht gut geschlafen. Er saß Stunde um Stunde am Wasser und spähte nach der unterirdischen

---

6 »Isebart, Isebart, / willst sehen, wie dein Freund betrogen wird?«
7 »Morgen acht Uhr / wird dir das Schiff gebracht, / mach dir keine Sorgen, / Jung, über Nacht!«

Helling hinüber. In der Frühe aber rührte sich's wirklich, zwei riesige Torflügel gingen auf, ein Bug stieß in die Flut, und ein fast segelfertiges Schiff trieb ins Fahrwasser. Da machte der Bursch sich eilends auf und klopfte beim Ratsherrn an.

Fand auch das Fräulein, das längst oben auf der Treppe horchte, gab ihm fein die Hand wie zu einem Hochzeitsweg, winkte dem verdutzten Vater, und während Muhmen und Ohme neugierig hinterdrein folgten und ein paar lungernde Spielleute sich dem Zug voransetzten, auch viele Bürger herbeizulaufen begannen, schritt der Bursch mit seiner Liebsten zum Hafen nieder. Was meint ihr? In dem Augenblick legte ein nagelneues eichenes Vollschiff, ganz frisch in der Farbe, gerad am ›Baumwall‹ an. Eine Brücke fiel an Land, Matrosen und Steuermänner standen bereit und hatten die Borde mit grünen Hochzeitskränzen umwunden.

Der Ratsherr sah das Schiff, und ihm und allen Seeleuten schlug das Herz vor Freude. Bis auf die Speicher kletterten die Neugierigen, die Jungen gafften, zählten die Segel und rechneten die Tonnung aus. Nein, solch herrliches Schiff hatte man noch nie in der Stadt gesehen.

Als die Brautleute aber kaum an Bord waren und die Hamburger Wachtknechte schon Platz machten für den Schwiegervater, als der Bürgermeister selbst hinzukam, um dem Ratsherrn Glück zu wünschen, da ist vor ihren Blicken die Brücke blitzschnell eingezogen worden. Die Segel flogen an den Masten hoch, und das stolze Wappen und schönste Schiff fuhr mit des Ratsmanns Tochter und ihrem jungen Gesell unter Wimpel und Toppflaggen für immer die Elbe hinab.

Das ist die Geschichte von dem tapferen Ratsherrn, der allzu klug sein wollte und dadurch ins Unglück geriet. Und wir meinen wohl, dass ihm recht geschehen ist. Wenigstens sagen das alle Jungfern, die doch vom Heiraten mehr als wir andern verstehen.

Märchen aus Norddeutschland

Der Kaiser als Schweinehirt

War einmal ein Kaiser, dessen Macht zu seiner Zeit kaum seinesgleichen kannte. Er hatte mit vielen Feinden Krieg geführt und sie alle überwunden, so dass er bei allen seinen Nachbarn als unüberwindlich galt. Wie aber alles einmal ein Ende hat, so auch die Herrlichkeit dieses mächtigen Kaisers. Das Glück hatte ihn, da er wieder einmal mit einem seiner Nachbarn Krieg führte, verlassen, und er wurde so vollständig geschlagen, dass er weder Reich noch Zepter mehr behaupten konnte und so, wie er ging und stand, entfliehen musste. Nichts von allen seinen Reichtümern und unermesslichen Schätzen konnte er mit sich nehmen als seine einzige Tochter. Die folgte ihm, so arm wie er selbst war, in die Welt hinaus. Und da er von nun an nicht wusste, wie er sein Brot verdienen sollte, denn er hatte natürlich nichts gelernt, so musste er die Mildtätigkeit der Leute ansprechen und betteln.

Nachdem er lange so umhergewandert war, gelangte er endlich in eine Stadt, die eben ihren Schweinehalter entlassen hatte. Er meldete sich deshalb beim Senat, bat um diesen Dienst und wurde wirklich als städtischer Schweinehalter angenommen. Auch dieses niedrigste aller Geschäfte hätte er nicht versehen können, wenn er nicht für sich noch ein paar Leute angenommen hätte, welche den Dienst verstanden, und die er mit einem Teil seines Lohnes bezahlte. So hatte er einige Monate sein Leben hingebracht, da kam einmal zufällig ein fremder Prinz in die Stadt. Es war der Sohn jenes Kaisers, der ihn einst besiegt und aus seinem Reiche vertrieben hatte, was aber weder der Prinz noch der vertriebene Kaiser wussten, da sie sich gegenseitig nie gesehen hatten. Wie es nun ging, erzählt die Geschichte nicht, aber der Prinz, welcher zufällig die Tochter dieses städtischen Schweinehalters sah, fand sehr großes Wohlgefallen an ihr, so dass er bei sich beschloss, nie eine andere zur Frau zu nehmen als eben diese. Als er zu seinem Vater, dem alten Kaiser, zurückkkam, erzählte er ihm von der Schönheit jener Schweinehalterstochter und dass er willens sei, sie zu heiraten. Hierüber erzürnte sich der alte Herr, schalt den Prinzen dieser beabsichtigten niedrigen Verbindung wegen, wozu er, solang er lebe, ihm nie seine Einwilligung geben werde. Der Prinz betrübte sich wohl hierüber, ließ sich aber doch dadurch von seinem Vorsatz nicht abbringen. Und da er hartnäckig und fest darauf bestand, dieses Mädchen und kein anderes zu heiraten, so gab der Vater endlich nach und ließ ihn ziehen, damit er sie als seine Frau heimführen möge.

Als der Prinz vor den Vater seiner Geliebten trat und ihm sagte, dass er gekommen sei, um seine Tochter als Frau abzuholen, schwieg dieser einen Augenblick, ohne weiter über diesen Antrag aus der Fassung zu kommen, alsdann hub er an: »Gut, Herr, dein Antrag ist für mich eine große Ehre; allein ehe ich meine Einwilligung zu einer Verbindung zwischen dir und meiner Tochter gebe, sollst du mir sagen, wer du eigentlich bist und wovon du lebst.« Hierüber lächelte der Prinz, wie sich wohl denken lässt, denn wie sollte ein Prinz und Kaiserssohn nicht zu leben haben? Dann sagte er dem Alten, wer er eigentlich sei und dass er die sichere Anwartschaft habe, einmal Erbe eines großen Kaiserreiches zu werden. Wenn ihm dies nicht genüge, fuhr er dann weiter fort, so möge er wissen, dass sein Vater vor einiger Zeit noch ein zweites mächtiges Reich erobert und den Kaiser davon verjagt habe.

»Dies mag alles sein, junger Herr«, entgegnete hierauf der Alte wieder, »aber es ist mir nicht genug, denn ich gebe meine Tochter keinem, der sich nicht auf ein Handwerk versteht, mit dem er sich und seine Frau erhalten kann.« Gegen diese Ansicht, bei welcher der Vater des Mädchens fest blieb, waren alle Gegenvorstellungen des Prinzen fruchtlos, weshalb dieser nichts Besseres zu tun wusste, als nach der Stadt zu irgendeinem Meister in die Lehre zu gehen, wenn er nicht auf die Hand des Mädchens Verzicht leisten wollte, das er nicht mehr aus dem Sinn bringen konnte.

Er gedachte dort dasjenige Gewerbe zu wählen, welches am schnellsten erlernt sein würde. Deshalb ging er zuerst zu einem Schuhmacher. Dies Gewerbe wollte ihm aber nicht gefallen, denn es hätte ihm viel zu lange gewährt, bis er Meister darin geworden wäre; darum ging er zu einem Kürschner. Dieser konnte ihm aber auch nicht versprechen, ihn die Kürschnerei sehr bald zu lehren, und riet ihm deshalb, als ihn der Prinz darum befragt hatte, einen Korbmacher an, da sich Korbmacher wohl unter allen Gewerben am schnellsten lernen lasse. Dies gefiel dem Prinzen, und er suchte also einen Korbmacher auf, von dem er seine Kunst in ein paar Wochen erlernte, worüber er nicht wenig vergnügt war.

Kaum hatte er seine erste Arbeit fertig, so beschenkte er seinen Meister und eilte fort, um den alten Vater seiner Geliebten aufzusuchen und ihm zu zeigen, dass er bereits ein Gewerbe gelernt habe. Unterwegs schnitt er sich sogleich die nötigen Ruten und flocht unter den Augen des alten Schweinehalters einen Korb, worüber dieser große Freude zeigte. Jetzt segnete der Alte den Jüngling und seine Tochter und sprach zu ihm: »Nun magst du mein Kind immerhin zur Frau nehmen, denn ich weiß, dass du sie in allen Fällen wirst ernähren können! Jetzt will ich dir aber auch sagen, warum ich vorher darauf bestand, dass mein Schwiegersohn sich auf ein Gewerbe verstehen solle. Siehe, auch ich war einmal ein Kaiser und hatte sehr große Macht und lebte in Herrlichkeit, so dass alle Welt mich fast vergötterte und für unbesiegbar hielt. Nichtsdestoweniger wendete sich das Glück von mir, und der Allmächtige schlug mich. Ein fremder Kaiser eroberte mein Reich und vertrieb mich so schnell daraus, dass ich, um mein Leben zu retten, fliehen musste, wie ich ging und stand. Nichts von allen meinen Reichtümern und Schätzen, welche ich vorher noch mein nannte, konnte ich mit mir nehmen. Nur mein einziges Kind, diese Tochter hier, ließ mir der Himmel damals, sie folgte mir ins Elend. Mein Unglück war aber umso größer, weil ich nie etwas gelernt hatte, um mich selbst durchs Leben fortbringen zu können. Deshalb musste ich, um nicht gerade Hungers zu sterben, das Brot, welches ich aß, für mich und meine Tochter erbetteln, bis es mir endlich gelang, in dieser Stadt hier den niedrigsten aller Dienste zu bekommen, ich wurde Schweinehüter. Jetzt bin ich gezwungen, jedem Bürger der Stadt, sei er arm oder reich, die Schweine zu hüten. Damit du aber jetzt siehst, dass ich auch die Wahrheit rede, so sieh her!

Damit zog er eine Schriftrolle aus der Tasche und reichte sie dem Prinzen zur Einsicht. Dieser wusste vor Staunen nicht, was er dazu sagen sollte; er starrte die Schriften an, aus denen wohl zu erkennen, wes Standes einst ihr Besitzer war. Dann überkam ihn eine mächtige Freude, er neigte sich vor seinem Schwiegervater, beurlaubte sich dann schnell von ihm und eilte, was er nur vermochte, heim, um seinem nicht weniger erstaunten Vater alles zu erzählen, was er jetzt gehört und gesehen hatte. Dieser wollte schnell nach dem unglücklichen Kaiser und seiner Tochter senden, damit er ihn bei sich aufnehme und das Reich mit ihm teile. Der Prinz gab aber das nicht zu, denn er wollte selbst hin, ihm diese frohe Botschaft zu bringen und ihn abzuholen.

Jetzt wurde das Reich wieder geteilt, um sogleich wieder durch die Heirat der beiden überglücklichen jungen Leute vereinigt zu werden. Die beiden alten Kaiser aber freuten sich des Glücks ihrer Kinder noch lange Jahre in großer Eintracht.

Märchen aus Rumänien

Springwasser

*W*enn man aus der Stadt Cork geht, unweit der Galgen-
wiese, liegt ein großer See, auf dem sich winters das
Volk mit Schlittschuhlaufen ergötzt, aber die Lust über dem
Wasser ist nichts in Vergleich mit der, die darunter ist, denn
auf dem Boden dieses Sees stehen Gebäude und Gärten, die
prächtigsten, die man je gesehen. Wie sie dahin kamen, hat
sich folgendermaßen zugetragen.

Lange bevor ein sächsischer Fuß irischen Grund betrat,
lebte ein großer König namens Corc; sein Schloss stand da, wo
jetzt der See ist, in einer grünen, meilenbreiten Aue. Mitten
im Burghof befand sich ein Springbrunnen so reinen, klaren
Wassers, dass es ein Wunder war. Der König freute sich auch
nicht wenig, eine solche Merkwürdigkeit in seinem Schlosse
zu besitzen; als aber die Leute in Haufen herbeikamen von
fern und von nah, das köstliche Wasser dieses Brunnens zu
schöpfen, fürchtete er, dass es mit der Zeit versiegen möchte.
Er befahl, eine hohe Mauer rundherum zu bauen, und wollte
niemand mehr zu dem Wasser lassen, was ein großer Schaden
für die armen Leute war, die in der Gegend wohnten. Sooft
er aber selbst Wasser brauchte, sandte er seine Tochter hin, es
zu holen, und vertraute den Schlüssel zu der Quelltüre keinem seiner Diener, aus Besorgnis, sie könnten etwas davon
weggeben.

Eines Abends feierte der König ein großes Fest, viele Fürsten waren zugegen, Grafen und Edelleute ohne Zahl, das ganze Schloss war voll Herrlichkeit, Freudenfeuer stiegen in die
Wolken auf, der Tanz drehte sich und so süße Musik ging
dazu, dass sie die Toten aus ihren Gräbern hätte wecken mögen; Speisen standen für jeden bereit, der hereinkam, und nie-

mand wurde von dem Schlosstor zurückgewiesen, jedem rief der Pförtner: Willkommen, herzlich willkommen! entgegen.

Nun geschah es aber, dass bei diesem großen Feste auch ein junger Prinz erschienen war, lieblich von Ansehen, so schlank und gerade, wie sich ihn nur ein Auge wünschen möchte zu erblicken. Recht lustig tanzte er den Abend mit des alten Königs Tochter auf und nieder, federleicht und die Füße so zierlich setzend, dass es allgemeine Bewunderung auf sich zog. Die Musikanten spielten aufs Beste, um einem solchen Tanz Ehre zu machen, und jene tanzten, als stände ihr Leben darauf. Nach dem Tanz folgte das Abendessen, der junge Prinz saß seiner schönen Tänzerin zur Seite, und sooft er mit ihr sprach, lächelte sie ihm zu, er tat es aber lange nicht sooft als sie wünschte, denn er musste sich vielmals zu der Gesellschaft umdrehen und für die Komplimente danken, die seiner schönen Tischgefährtin und ihm gemacht wurden.

Mitten in der Mahlzeit sagte einer von den großen Herrn zu dem König Corc:»Mit Eurer Majestät Erlaubnis, alles ist hier im Überfluss, was das Herz sich wünschen mag, beides, zu essen und zu trinken, nur kein Wasser.«

»Wasser!«, sagte der König mit Wohlgefallen darüber, dass jemand das forderte, woran absichtlich Mangel gelassen war: »Wasser sollt ihr gleich haben und von so köstlicher Art, dass ich die ganze Welt auffordere, ein gleiches vorzuweisen. Tochter«, rief er,»geh, hole welches in dem Goldeimer, den ich dazu habe machen lassen.«

Die Königstochter, welche Fior Usga – Springwasser – hieß, schien eben nicht zufrieden damit, heute vor so vielen Leuten diese gemeine Hausarbeit zu übernehmen. Sie wagte nicht, ihres Vaters Geheiß zu widerstreben, aber sie zögerte, auf den Boden schauend. Der König, welcher seine Tochter sehr liebte, merkte ihre Verlegenheit, und es tat ihm leid, dass er es von ihr begehrt hatte, doch sein königliches Wort durfte er nicht zurücknehmen, er sann auf ein Mittel, sie gleich dahin zu bringen, dass sie das Wasser hole, und fiel auf den Gedanken, der Prinz, ihr Tischgesell, solle sie begleiten. Mit lauter Stimme sagte er:»Meine Tochter, mich wundert nicht, dass du dich fürchtest, allein auszugehen so spät in der Nacht, der junge Prinz dir zur Seite, hoffe ich, wird dich begleiten.« Der Prinz hörte das mit Vergnügen, und den Goldeimer an die eine Hand nehmend, mit der andern die Königstochter aus dem Saal führend, zog er die Blicke aller Gäste auf sich.

Als sie zu dem Wasserbrunnen im Schlosshof kamen, schloss die schöne Usga das Tor sorgfältig auf, bückte sich mit dem Goldeimer und wollte Wasser schöpfen, aber das Gefäß wurde ihr so schwer, dass sie das Gleichgewicht verlor und in den Brunnen stürzte. Vergeblich strebte der junge Prinz, sie zu retten, das Wasser stieg und stieg so mächtig, dass es schnell den ganzen Schlosshof einnahm; außer sich eilte er zurück zu dem König.

Das Brunnentor war offen geblieben, und das lang verschlossene Wasser, froh über die erlangte Freiheit, rauschte unablässig herein, stieg jeden Augenblick höher und war in dem Gastsaal so schnell wie der junge Prinz selbst, dergestalt, dass, wie er versuchte mit dem König zu reden, er bis an den Hals im Wasser stand. In die Länge stieg das Wasser zu solcher Höhe, dass es die ganze grüne Aue, in welcher des Königs Schloss lag, erfüllte, und so wurde der jetzige See von Cork gebildet.

Aber der König und seine Gäste ertranken nicht, noch seine Tochter, die schöne Usga, sondern die nächste Nacht nach dem schreckenvollen Ereignis kehrte sie zum Festgelag zurück, und seitdem jede Nacht geht das Fest und der Tanz an in dem Boden des Sees und wird so lange dauern, bis es einem gelingt, den Goldeimer herauszubringen, der die Ursache des Unheils war.

Und niemand kann zweifeln, dass dies Gericht darum über den König erging, weil er den Brunnen im Schlosshof den armen Leuten verschlossen hatte. Wer aber der Sage nicht glaubt, gehe hin an den See, wenn das Wasser niedrig und hell steht, so wird er mit guten Augen die Turmspitzen und andere Häuser in der Tiefe erblicken.

Märchen aus Irland

Winterkölbl

Es lebte einmal ein armer Holzhauer mit seiner Frau und seinem kleinen Töchterlein an einem großen Wald. Er wusste oft nicht, womit er den Hunger der Seinen stillen sollte, und nahm sich deshalb vor, seine Tochter in den Wald zu führen und dort zu verlassen.

Als er wieder einmal für sich und seine Familie nichts zu essen hatte und auch keine Arbeit bekommen konnte, nahm er das Kind mit in den Wald und verließ es auf einer schönen Waldwiese mit dem Versprechen, bald wiederzukommen. Um das Kind zu täuschen, band er ein Stück Holz mittels eines Strickes an einen Baum, so dass der Wind es hin- und herschleuderte; das Anschlagen an den Baum machte ein Geräusch, als ob man mit einer Axt Holz fällte.

Das Kind wurde dadurch getäuscht, suchte Erdbeeren und spielte mit den Blumen; nach einiger Zeit schlief es müde vom Herumlaufen ein. Als es erwachte, stand der Mond schon hoch am Himmel, und der Vater kam noch immer nicht. Das Mädchen fing nun heftig zu weinen an und lief tiefer in den Wald hinein, um den Vater zu suchen.

Auf einmal erblickte es ein Feuer, neben welchem mehrere kleine topfförmige Gefäße standen. Neugierig lief es hin, legte geschäftig trockene Reiser auf das erlöschende Feuer und blies aus Leibeskräften hinein, um es zu verstärken. Als es sich umwandte, bemerkte es ein Männlein, welches ihm wohlgefällig zulächelte. Es war ganz grau, und der weiße Bart, welcher seltsam vom grauen Kittel abstach, ging ihm bis über die Brust herab.

Die Kleine fürchtete sich und wollte davonlaufen; doch der Zwerg rief sie zu sich. Widerstrebend gehorchte das Kind; der

Alte streichelte ihm die Backen und sprach so freundlich, dass es alle Furcht verlor und ihm beim Kochen behilflich war. Der Graue fragte um den Namen und wer sein Vater sei. Als das Mädchen es ihm mit Tränen in den Augen sagte, tröstete er es und meinte, es solle bei ihm bleiben und seine Tochter sein. Das Kind nahm es an und wurde von dem Alten in dessen Wohnung geführt. Es war dies ein großer hohler Baum, in welchem ein Haufen Laub die Stelle des Bettes vertrat. Das Männlein richtete noch ein zweites Lager her, damit sich das ermüdete Kind zur Ruhe legen konnte.

Am andern Morgen weckte der Zwerg das Mädchen und sagte, er müsse fortgehen, es solle unterdessen das Haus – so nannte er den Baum – in Ordnung halten, bis er wiederkomme. Er kam auch bald zurück und zeigte ihm alles, lehrte es kochen und die anderen häuslichen Verrichtungen; so verging der Tag schnell, und der Abend kam heran, ehe sie sich's versahen.

So lebten sie mehrere Jahre ruhig und zufrieden; das Mädchen war herangewachsen, so dass es seinen Pflegevater bald kopfhoch überragte. Da sprach der Zwerg eines Abends zu ihm: »Ich muss jetzt auch für deine Zukunft sorgen; die Königin, welche hier in der Nähe wohnt, bedarf einer treuen Dienerin, und ich war dort und habe dich ihr empfohlen, sie ist gesonnen, dich aufzunehmen. Bleib nur fein sittsam, dein Leben lang wird es dir dann nicht schlecht gehen.«

Am andern Morgen gingen sie zusammen ins Schloss, die Jungfrau wurde der Königin vorgestellt und von ihr aufgenommen. Von ihrem Pflegevater nahm sie herzlichen Abschied, und er musste versprechen, sie jeden Sonntag zu besuchen.

Noch war sie nicht lange im Dienst, als der junge König, der mit einem anderen Krieg geführt hatte, als Sieger heimkehrte. Der junge König fand Gefallen an dem Mädchen und begehrte es zur Frau. Seine Mutter, welche die Jungfrau sehr gern hatte, willigte ein.

Als der Graue, wie man ihn im Schloss nannte, wieder einmal kam, um seine Tochter zu besuchen, sagte die Königin, dass ihr Sohn gesonnen sei, seine Tochter zu heiraten, dass auch diese eingewilligt habe und es jetzt nur noch auf ihn ankomme, seinen Wunsch auszusprechen.

Der Alte sagte mürrisch: »Der König wird nur dann mein Töchterlein bekommen, wenn er mir meinen Namen sagen kann.« Daraufhin entfernte er sich und ging wieder in den Wald zurück.

Im Wald angekommen, machte er wie gewöhnlich sein Feuer an und kochte. Während des Kochens hüpfte er oft um das Feuer und sang:

> »Siede, Töpfchen, siede,
> damit der König es nicht weiß,
> dass ich Winterkölbl heiß'.«

Der König zerbrach sich den Kopf und schickte zuweilen einen Diener aus, damit er diesen erfahre. Ein solcher Diener hörte dem Alten einmal zu und eilte freudig ins Schloss zurück, sagte dem König den Namen und erhielt viele Goldstücke zur Belohnung.

Als der Zwerg wiederkam, begrüßte ihn der König mit den Worten: »Willkommen, Vater Winterkölbl!«

Dieser sah sich überlistet und gab seine Einwilligung. Die Hochzeit wurde festlich begangen, und auch Winterkölbl war zugegen. Er war aber nicht dazu zu bringen, in das Schloss zu ziehen, und wohnte nach wie vor in seinem Baum.

Märchen aus Österreich

Nachwort

Es war einmal ein König,
der hatte eine wunderschöne Tochter …

W ünsche und Hoffnungen, Ängste und Nöte, aber auch die Freuden der Menschheit haben sich nicht verändert. Das Märchen gibt Kunde davon. (»Märe« bedeutet Botschaft, Kunde.) Nicht umsonst werden Märchen als Wahrheiten aus der »geistigen Welt« bezeichnet. Sie geben in verschlüsselter Form unsere Lebenssituationen wieder, die sich zu allen Zeiten und in allen Ländern immer wieder ähneln.

Ein Motiv findet sich in vielen Märchen Europas: Die Lieblingstochter wendet sich in dem Augenblick gegen ihren Vater, in dem sie sich in einen anderen Mann verliebt. Dabei werden hier oft nur die männlichen Gestalten ausgetauscht.

An die Stelle des Vaters tritt nun der Geliebte, der Ehemann. Viele Vatertöchter suchen unbewusst einen starken Partner. Doch kann dies die erste bewusste Ablösung von der dominierenden Vaterfigur sein. In vielen Fällen symbolisiert dieser Bruch auch die Befreiung vom Väterlichen, denn in der neuen Beziehung übernimmt nun die Frau selbst die dominierende Rolle mit Hilfe der Fähigkeiten, die sie vom Vater übernommen hat.

Geliebter Vater

In der germanischen Mythologie widersetzt sich Odins Lieblingswalküre Sigdrifa (vergleiche auch Brynhild) Odin aus diesem Grunde. Sie schenkt den Sieg nicht dem Günstling des Vaters, sondern dem Mann, den sie liebt.

Medea in der antiken Sage schützt ihren Geliebten mit Hilfe ihrer Zauberkraft vor der Verfolgung durch ihren Vater. Dass Jason ihr diese Hilfe später übel gedankt hat, ist ein Problem für sich. Bedenkenlos setzen die Märchentöchter oft die Zauberkünste, die sie vom Vater erworben haben, gegen ihn selbst ein.

Ebenso hilft Wassilissa, die Allweise im russischen Märchen »Wassilissa und der Meereszar«, dem Iwan Zarewitsch gegen den Willen ihres Vaters aus allen Gefahren. Mit Hilfe ihrer Zauberkraft gelingt es ihr auch, mit ihrem Geliebten zusammen aus des Vaters Machtbereich zu entfliehen. Doch nicht immer sind die Töchter in der stärkeren Position. Im Grimm'schen Märchen »Jungfrau Maleen«, das in Norddeutschland und ganz Skandinavien verbreitet ist, lässt der Vater seine Tochter in einen Turm sperren, weil sie sich weigert, den Mann zu heiraten, den er für sie ausgesucht hat. (Sigrid Früh, Europäische Frauenmärchen)

Im Märchen »Rumpelstilzchen« kommt ein patriarchalisches Verhältnis zum Ausdruck, in dem Frau und Kinder nahezu zum »Besitz« des Mannes gehören, über den er selbstherrlich verfügen kann (römisches und jüdisches Recht). Der Müller in diesem Märchen bringt seine Tochter in Lebensgefahr, nur um seiner Großsprecherei zu frönen.

In der griechischen Sage wird Iphigenie von ihrem Vater Agamemnon aus politischem Ehrgeiz geopfert. Die Herrschaft des Männlichen wird von der Frau meist als »naturgegeben« angenommen; die Töchter akzeptieren ihre eigene Opferung fast immer.

Tochteropfer

Anders gelagert ist die Situation der Märchenväter, die – ohne es beabsichtigt zu haben – in den Machtbereich eines Unholds gelangen und ihr Leben dadurch retten wollen, dass sie diesem ihre Tochter versprechen. Oft ahnen sie gar nicht, wie hoch der Preis ist, den sie zahlen müssen, wenn sie dem Unhold beispielsweise zusagen, das zu opfern, was ihnen zu Hause als Erstes entgegenkommt. Sie denken bei dem Versprechen nicht an die Tochter (!) und sind ehrlich traurig und bestürzt (Jephta-Motiv aus dem Alten Testament). Meist ist es dann auch noch die Lieblingstochter, die das Gelöbnis einlöst und den Vater damit rettet.

Der Unhold sieht anfangs gefährlicher aus, als er ist. Bei ihm geht es der Tochter zumeist gut. Er liebt sie aufrichtig. Dennoch bekommt sie Heimweh. Ein Zeichen dafür, dass sie sich noch nicht recht vom Vater gelöst hat. Es ist bezeichnend, dass in Märchen dieses Typus erst dann die eigentlichen Schwierigkeiten beginnen, wenn die Tochter für eine gewisse Frist nach Hause zurückkehrt. Der Unhold bittet sie, zu einer bestimmten Zeit wiederzukommen, sonst gäbe es ein Unglück. Entgegen seinem Rat aber hält die Familie die Tochter zurück. Nachts erscheint ihr der Unhold in Gestalt eines Mannes, und sie macht sich auf den Weg zurück zu ihm. Eine Suchwanderung, an deren Ende sie den Unhold und damit sich selbst (ihr eigenes negatives Männerbild) erlöst.

Die Väter, die ihre Töchter einem Drachen opfern sollen, setzen alles daran, um sie zu retten, da sie sie innig lieben. Aus diesem Grund sind sie bereit, die Hand ihrer Tochter demjenigen zu versprechen, der den Drachen töten kann. Dies geschieht in einem schottischen Märchen »Aschenhans und der Urlindwurm« und in dem siebenbürgischen »Die Königstochter in der Flammenburg«. Auch das deutsche Märchen »Die drei Hunde« (Bechstein) gehört zu diesem Themenkreis.

Ein eklatanter Fall von eifersüchtiger Vaterliebe wird im Grimm'schen Märchen »Der Teufel mit den drei goldenen Haaren« geschildert. Ähnliches wird in »Die Drachenfedern«, einem Tiroler Märchen, beschrieben. Der Vater will hier keinen Schwiegersohn dulden, wer immer es auch sei. Nachdem die Vermählung der Tochter aber trotzdem stattfindet, schickt der Brautvater den unerwünschten Schwiegersohn buchstäblich zur Hölle oder zum Drachen, in der stillen Hoffnung, dass dieser dann nicht mehr wiederkehrt und er ihn ein für allemal losgeworden ist. Der Vater möchte die Tochter um jeden Preis für sich allein behalten. Das persönliche Glück der Tochter ist ihm dabei völlig gleichgültig. Er hat es aus den Augen verloren.

Tochtergattin

Dramatisch spitzt sich eine solche besitzergreifende Liebe zu, wenn die Tochter so sehr dem weiblichen Wunschbild des Vaters entspricht, dass er sie sogar zur Frau begehrt. Dieses Inzestmotiv ist weltweit verbreitet. Am bekanntesten dürfte bei uns »Allerleirauh« (Brüder Grimm) sein. Schon im 16. Jahrhundert taucht dieses Motiv im italienischen Sprachraum auf (Straparola, »Das Mädchen im Schrein«). Dass in vielen Märchen und Sagen die Väter auch die Freier töten lassen (siehe Oinomaos in der griechischen Mythologie), zeigt ein übersteigertes Besitzdenken, das keine Veränderung zulässt, weder auf materieller noch auf gefühlsmäßiger Ebene.

Wie sehr sich die Väter eine Tochter wünschen, wird in vielen Märchen erzählt. Dornröschens Vater konnte sich über die Geburt der Tochter »vor Freude nicht lassen«. In einem anderen Märchen der Brüder Grimm, »Die zwölf Brüder«, will der Vater im Falle der Geburt einer Tochter sogar die zwölf Söhne töten lassen, »damit ihr allein das Königreich zufalle und ihr Reichtum groß werde«.

Dahinter verbirgt sich die Sehnsucht des Mannes nach der Vollendung durch die Anima, den weiblichen Persönlichkeitsanteil. Der Vater wünscht sich eine Tochter zur eigenen Vervollkommnung, statt diese in der Begegnung mit der (Ehe-) Frau zu suchen, muss die Tochter seine weibliche Seite leben, was dazu führt, dass diese nicht richtig Kind sein kann. Die hundertjährige Schlaf-Erstarrung Dornröschens deutet auf eine solche Blockierung der Weiblichkeitsentwicklung hin. Vater-Tochter-Verhältnisse, wie in den Märchen beschrieben, kann man auch im wirklichen Leben finden. Kaiserin Josephine, die erste Frau Napoleons, soll einmal gesagt haben: »Es gibt Frauen, die sind Mütter, es gibt Frauen, die sind Geliebte, und es gibt Frauen, die sind Töchter.« Diese Aussage bezieht sich auf die zweite Frau des Kaisers, Marie Louise, die ihrem Vater gehorchte, als er ihr befahl, sich von Napoleon scheiden zu lassen.

Lieblingstöchter

Diese Lieblingstöchter der Väter haben vordergründig beinahe nie Schwierigkeiten mit dem anderen Geschlecht. Sie haben auch keine Probleme, den männlichen Anteil (z. B. Durchsetzungskraft) in sich selbst wahrzunehmen und zuzulassen. Doch ihr Verhältnis zu anderen Frauen und ihrem eigenen weiblichen Anteil ist von frühester Kindheit an belastet. Andere Mädchen und Frauen (auch oder vor allem die eigene Mutter) werden unbewusst als Konkurrentinnen im Kampf um die Gunst des Vaters gesehen.

In der Urfassung von »Sneewittchen« war es nicht die Stiefmutter, sondern die eigene Mutter, die in Konkurrenz zur Tochter trat. (Oder ist es der Konkurrenzkampf der Tochter zur Mutter?)

An die Stelle des Vaters tritt dann später der Lehrer, der Vorgesetzte, der Professor oder auch der Mann, der geliebt wird. Das Wort »Schwester« aber existiert nicht wirklich im seelischen Wörterbuch der Vatertöchter. Immer und immer wieder werden andere Frauen nur als Gegenspielerinnen betrachtet. Die Solidarität mit ihnen fällt schwer und ist oft unecht, nicht wirklich authentisch.

Die Erlösung, die im Märchen oft und in unterschiedlicher Weise beschrieben wird, müssen die Vatertöchter wie viele Märchenheldinnen selbst erringen. Kein Prinz, kein Erlöser wird ihnen aus diesem Dilemma heraushelfen können. So geschieht es im Märchen »Der Froschkönig«, in dem sich die Königstochter vom Frosch (als sexuelles Symbol) durch Wut befreit. Der wird erlöst und kann sie nun als ebenbürtige Partnerin und nicht länger als Sexobjekt betrachten. So geschieht es auch der Jungfrau Maleen, die selbst das Messer in die Hand nimmt und sich aus dem Turm der väterlichen, allzu behüteten Liebe befreit: »Kein Stein wollte fallen, kein Hammerschlag ließ sich erklingen. Als sie nun nur noch für kurze Zeit Speise und Trank vor sich hatten und einen bitteren Tod vor Augen sahen, da sprach die Jungfrau Maleen: ›Wir müssen das Letzte wagen.‹ Und sie begann, in dem Mörtel eines Steins zu graben.«

Wenn die Vatertöchter diesen ganzen Prozess durchlebt und durchlitten haben, treten sie in eine neue Entwicklungs- und Bewusstseinsstufe ein. Erst jetzt können sie zu ihrer vollen Entfaltung gelangen. Sie haben das Mittel ihrer Selbsterlösung gefunden. Durch diese Erfahrung, wenn sie auch schmerzlich war und durch Tiefen führte, können sie zu anderen Frauen als Partnerinnen, Freundinnen und Schwestern finden. Ich selbst habe dies als befreiend und bereichernd erlebt. Es ist oberflächlich gesehen einfacher, als Vatertochter in unserer Gesellschaft zu leben und sich durchzusetzen. Irgendein Vater oder Übervater wird sich immer finden und alle Schwierigkeiten, vor allem diejenigen mit dem eigenen Geschlecht, der eigenen Identität, aus dem Weg räumen. Auf Dauer aber ist dies keine Lösung. Erst wenn die Vatertöchter es fertigbringen, in den anderen Frauen Schwestern und nicht Konkurrentinnen zu sehen, sich selbst als Frauen und nicht als Töchter eines Vaters zu empfinden, haben sie zu sich selbst gefunden und sind erst dann eigentlich erwachsen.

Sigrid Früh
Mai 2011

Quellenverzeichnis

Geliebter Vater

Die Erlösung der schönen Prinzessin
Alsatia 1856/57.

Die Kaiserstochter als Gänsehirtin
Arthur und Albert Schott: Walachische mährchen [sic!],
Stuttgart 1845.

Der Hasenhüter und die Königstochter
Ludwig Bechstein: Deutsches Märchenbuch, Leipzig 1857.

Das Goldspinnen
Ulrich Jahn: Volksmärchen aus Pommern und Rügen,
Norden und Leipzig 1891.

Der Schuster
Christian Schneller: Märchen und Sagen aus Wälschtirol,
Innsbruck 1867.

Leila und Keila
Hans Stumme: Maltesische Märchen, Gedichte, Rätsel,
Leipzig 1904.

Der goldene Apfel des unsterblichen Vogels
Bernhard Schmidt: Griechische Märchen, Sagen und Volkslieder,
Leipzig 1877.

Die kranke Prinzessin
Christian Schneller: Märchen und Sagen aus Wälschtirol,
Innsbruck 1867.

Tochteropfer

Die schöne Schläferin
Nach der mündlichen Erzählung eines alten Weinbauern aus der
Umgebung von Carcasonne;
aufgezeichnet 1986 von Sigrid Früh und Marlies Hörger.

Die Drachenfedern
Ignaz und Joseph Zingerle: Kinder- und Hausmärchen aus Süd-
deutschland, Regensburg 1854.

Der König Cardiddu (Der König Stieglitz)
Laura Gonzenbach: Sicilianische Märchen, Bd.1,
Leipzig 1870

Das Nusszweiglein
Ludwig Bechstein: Deutsches Märchenbuch, Leipzig 1857.

Das Waldhaus
Brüder Grimm: Kinder- und Hausmärchen, Ausgabe letzter
Hand, Göttingen 1857.

Die goldene Ampel
Caspar Decurtins: Rätoromanische Chrestomathie, Bd. 2,
Erlangen 1901.

Der Feigensack
Otto Sutermeister: Kinder- und Hausmärchen aus der Schweiz,
Aarau 1869.

Der Mann mit dem Schweinekopf
Anton Birlinger: Alemania, Zeitschrift für Sprache, Kunst und
Altertum, Straßburg 1897/98.

Der Teufel mit den drei goldenen Haaren
Brüder Grimm: Kinder- und Hausmärchen, Ausgabe letzter
Hand, Göttingen 1857.

Tochtergattin

Allerleirauh
Brüder Grimm: Kinder- und Hausmärchen, Ausgabe letzter
Hand, Göttingen 1857.

Der Vater und die drei Töchter
Johann Georg von Hahn: Griechische und Albanesische Märchen, München 1918.

Die Kaiserstochter im Schweinestall
Arthur und Albert Schott: Walachische mährchen [sic!],
Stuttgart 1845.

Jungfrau Maleen
Brüder Grimm: Kinder- und Hausmärchen, Ausgabe letzter
Hand, Göttingen 1857.

Die verborgene Prinzessin
Adolf Dörler: Sagen und Märchen aus Vorarlberg,
in der Zeitschrift für österreichische Volkskunde 14, 1908.

Riborrey und seine Tochter
Johannes Jegerlehner: Sagen und Märchen aus dem Oberwallis,
Basel 1913.

Lieblingstöchter

Prinzessin Mäusehaut
Joseph Lefftz (Hrsg.): Märchen der Brüder Grimm, Urfassung
nach der Originalhandschrift der Abtei Ölenberg im Elsass,
Heidelberg 1927.

Die Tochter des Erbsenkönigs
Ulysse Hinglais: Contes populaires du pays de Bitche,
Paris 1867; aus dem Französischen übersetzt von Marlies Hörger.

Die schöne Mengietta
Gian Bundi: Engadiner Märchen, Zürich 1903.

Bernanoueille
Léopold Dardy: Anthologie populaire de l'Albret,
Paris 1891; übersetzt und bearbeitet von Marlies Hörger.

Aschenpüster mit der Wünschelgerte
Ludwig Bechstein: Deutsches Märchenbuch, Leipzig 1857.

Der Schiffer gewinnt die Ratstochter
Hans Friedrich Blunck: Wundermärchen,
Flensburg und Hamburg, o. J.

Der Kaiser als Schweinehirt
Arthur und Albert Schott: Walachische mährchen [sic!],
Stuttgart 1845.

Springwasser
Brüder Grimm: Irische Elfenmärchen, Kassel 1825.

Winterkölbl
Theodor Vernaleken: Kinder- und Hausmärchen in den Alpen-
ländern, Wien/Leipzig 1896.